KB019067

온고잉, 위기의 순간에도
멈추지 않는 마인드셋

ON:
GOING

온고잉, 위기의 순간에도 멈추지 않는 마인드셋

보리스 토마스

오지원 옮김

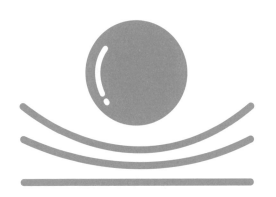

 북스힐

부모님께
당신들이 계시지 않았다면
제게 보내주신 사랑과 지지가 없었다면
저는 오늘의 이 자리에 있지 못했을 것입니다.

사랑하는 내 아이들
레아, 율리우스, 그리고 메를레
너희들은 내 삶을 무한히 풍요롭게 한단다.

2장 _____ 성찰

 3장 _____ 존재감

4장 _____ 신뢰

5장 _____ 책임

보리스 토마스

세계 최초의 갈빗대 침대 프레임이 탄생하고 몇 년이 지난 후, 독일의 브레머푀르 데에서 '라토플렉스'의 장손으로 태어났다. 노자에서 인도 구루에 이르기까지 아시아 철학, 심지어 무정부주의 정치 사상가, 또는 젠 사상가의 영적 문학까지도 섭렵할 만큼 신선한 아이디어와 생각에 열정적으로 몰두했다. 항상 새로운 지식을 찾아다녔고 사람과 세상이 어떻게 움직이는지에 대한 호기심으로 거침없이 미지의 길에 들어섰다. 조용한 휴양지에서 명상 워크숍을 진행하고 킬리만자로를 등반하고 부탄을 여행했다.

칼스루에 대학을 졸업해 산업 엔지니어가 된 그는 1992년 '라토플렉스'의 경영자 자리에 오르면서 이를 '항상 배우는 삶'을 살아나가는 기회로 삼았다. 전문 지식과 아이디어를 자신만의 방식으로 실천하고, 전통적인 기업에 새로움을 들여오기 위해 많은 노력을 기울였다. 체계적인 포지셔닝 작업을 통해 이 브랜드는 내적으로 성장했고, 외적으로도 침대 시장의 선두를 이끄는 기업이 되었다.

극복해야 할 위기들이 끊이지 않았지만 그에게는 위기에서 기회의 싹을 틔울 수 있는 특별한 열정이 있었다. 그는 스마트한 장기 전략으로 초점을 강화하여 성장해나가며 위기와 실패의 경험을 즐기기 시작했다.

보리스 토마스는 그동안 강연을 통해 나누어온 리더십과 관련된 경험들을 이 책에 한데 모았다. 그의 이야기에는 진실함뿐만 아니라 이론적인 사고에 머물지 않는 그의 통찰력도 생생하게 살아있다. 그는 자신의 전문 지식을 모두와 공유하는 방식으로, 조금 더 나은 세상을 만들고자 애쓰는 모든 이들에게 격려를 보내고 있다.

저자로부터

'위기'라는 뜻의 단어는 한자로 두 글자를 함께 쓴다.
한 글자는 위험이라는 의미이고, 다른 한 글자는 기회라는 뜻이다.
   _존 F. 케네디

세상 그 누구도 자기가 경영하는 회사가 지금 파산 직전의 위기에 처해 있으며, 경영자로서 더 이상 어찌해야 할지 모르겠다는 말을 페이스북에 쓰지는 않을 것이다. 그리고 소파에 홀로 앉아 절망적으로 흐느끼고 있는 자기 모습을 찍은 셀카를 인스타그램에 남기지는 않을 것이다. 또 트위터에 다음과 같은 멘션을 올리는 사람도 없을 것이다. "새벽 세 시. 잠이 오지 않는다. 이번 월말에 직원들 월급을 어떻게 해결해야 할지 정말 모르겠다. #도산위기#문제해결의실마리 는어디에."

   우리 사회는 이제 위기에 관해서는 모르는 척 눈감아 버리기로 작심한 듯하다. 이런 불편한 주제에 관해서는 마치 없는 셈 치는 것 같기도 하다. 그리고 정말로 위기가 닥쳐와서 발목을 잡을 때면—원칙적으로 인생에서 한번쯤은 겪지 않을 수 없는 일이니까—우리는 그 어떤 위기나 실패일지라도 어떻게든 모면할 수 있으리라는 착각 속으로 도피한다. 그게 무엇이 되었든 제대로 처리해 내기만 하면, 우리 삶에는 다시금 지속적인 행복이 흘러넘칠 것이라고 말이다. 그러나 이는 흠 하나 없는 이상적 세계를 살아가는 척 연기하는 것일 뿐이다. 자세히 들여다보면 우리의 이런 반응은 단지 표면적인 것에 불과할 뿐, 실은 출구를 찾고 있다. 나는 바로 지금이 SNS상에 범람하는 그 모든 찬란한—그리고 대부분은 미화된—성공 스토리들 너머에서 솔직함과 새로운 진실을 찾아야 할 때라고 생각한다.

다수의 자기 계발 전문가들은 성공을 100% 보장하는 길이 분명히 있다고 주장한다. 그러면서 자신이 개발한 "실전에서 검증된" 방법론, 혁신적인 툴, 혁명적인 전략을 광고한다. 그렇지만 사업체를 이끌어 온 기간이 충분히 오래된 기업가들은 이것이 절대 사실일 수 없음을 잘 안다. 안타깝게도 모든 일이 그렇게 간단하지 만은 않다. 인생은 누가 뭐래도 스스로 갈 길을 정한다. 우리가 할 수 있는 유일한 일은 절대 멈추지 않고 더욱더 노력하여 경험에서 배우는 것이다.

팩트는 이것이다. 그 누구도 위기의 순간을 한 번도 맞이하지 않고 인생을 살아 낼 수는 없다. 가정생활이나 부부 관계에서 그렇듯 기업을 꾸려 갈 때도 마찬가지다. 내 강연이 끝난 뒤 질의응답 시간에 늘 같은 주제로 질문을 받는 것은 절대 우연이 아니다. "위기 상황이 닥쳤을 때 어떻게 대처해야 할까요? 하나의 팀을 이루는 구성원으로서, 하나의 기업으로서 어떻게 하면 별다른 문제없이 위기를 헤쳐 나갈 수 있을까요?" 이런 질문을 반복해서 받을 때면 나는 사람들의 마음속에 자리한 커다란 두려움과 불안감을 느낀다.

내가 지난 수년간 위기 대처 방식과 관련하여 확인한 근본적인 문제는 바로 많은 이들이 오로지 자신이 맞닥뜨린 불행에만 골몰하여 비탄에 빠져 버린다는 점이었다. 그리고 이런 사람들은 대개 그 위기 안에 숨어 있는 기회를 전혀 알아보지 못한다. 다음 위기가 오기 전까지의 이런 공황 상태는 점점 더 이상한 상황을 초래할 뿐이다. 삶이 때때로 호락호락하지 만은 않을 때, 혹은 나를 혼쭐내려 엉덩이를 걷어찰 때, 우리가 가진 잠재력을 어떻게 알아챌 수 있을까? 꼭 그렇지 않다고 하더라도, 그러니까 위급한 상황에 놓여 있지 않더라도, 우리는 과연 스스로 설정한 한계를 넘어설 수 있을까? 컴포트 존 comfort zone은 괜히 붙여진 이름이 아니다. 그 경계 안에 머무르는 것은 물론 포근하고 편안할 것이다. 두말할 여지도 없다. 그렇지만 그 안에서 기대할 만한 것이라고는 이미 아는 단조로움뿐일 것이다. 거기에는 발전이란 없다.

『온고잉, 위기의 순간에도 멈추지 않는 마인드셋』은 사업을 하는 데 있어서 실패와 좌절의 경험을 다른 시각으로 함께 바라보자는, 내가 독자들에게 보내는 초대장이다. 솔직히 시간이 흐르고 나면 매우 고통스러웠던 기억이 얼마나 가치 있는 경험이었는지 스스로 알게 되는 경우가 많지 않은가.

솔직히 말하면, 시간이 갈수록 위기에서 빠져나오는 방법, 그리고 그 과정에서 나타나는 변화에 관한 이야기는 내가 제일 좋아하는 주제가 되었다. 우리가 위기에 처했을 때 자꾸 잘못된 방식으로 보이는 반응을 관찰하는 일, 그리고 열린 마음으로 그로부터 무엇이든 배우고자 하는 준비가 되었을 때 점차 발전해 나가는 것을 지켜보는 일은 정말이지 매우 흥미롭다.

나는 벌써 20년 이상 가업으로 물려받은 기업인 '라토플렉스'를 운영해 오고 있다. 그리고 회사가 좋을 때나 어려울 때나 그 모든 변화를 어렸을 때부터 가장 가까운 곳에서 직접 겪었다. 지금은 경영진으로서 매일매일 회사의 다른 구성원들에게 위기가 닥쳐올 때마다 무사히 극복하고 다음 단계로 나아갈 수 있도록 온 힘을 다해 뒷받침하는 역할을 맡고 있다.

이 책은 거창한 자기 계발서는 아니다. "이 책에 쓰인 대로만 정확히 따라 하면 당신의 삶은 늘 행복으로 가득할 것"이라는 달콤한 약속도 할 수 없다. 이 책은 그보다는 좀 더 현실적인 것, 즉 있는 그대로의 인생에 대해 말한다. 덧붙이자면, 그것이 얼마나 다행스러운 일인지에 관해서도 말이다. 이 책에서 설명하고 있는 모든 것들은 내가 지난 25년간 회사를 운영하며 직접 겪고 배운 일들이다. 그 많은 일들이 언제나 솜사탕같이 달콤하지 만은 않았다는 점을 인정하겠다.

내가 라토플렉스에서 겪은 좋았던, 그리고 나빴던 시기의 일들을 이 책에서 들려주려는 이유는, 독자와 나의 경험을 나누려는 의도에서이다. 여러 일화들 중 한두 가지를 각자의 상황에 적용해 동기 부여를 하거나 디딤돌로 삼을 수 있을지도 모른다. 그렇게 된다면 저자로서 매우 기쁘겠다. 여기에서 한 걸음 더 나아가 나는 책을 쓰는 과정에서 다른 기업가들과 컨설턴트들, 그리고 우리 회사 경영진 및 직원들과도 깊고 오랜 대화를 나누었다. 위기와 위기관리에 관한 그들의 경험도 참고하고 싶었기 때문이다.

이 책을 읽는 독자들이 어려운 시기를 바라보는 시각을 변화시키고 현실에 발붙인 삶을 살아갈 수 있는 용기를 가지게 되었으면 한다. 그리고 분명 닥쳐올 다음 번 위기를 더욱 큰 확신과 단호함으로 헤쳐 나갔으면 한다. 위기 속에 숨겨진 기회를 적극적으로 이용하고, 오히려 도약의 발판으로 삼는다면, 분명 우리에게 숨겨진 진정한 힘을 펼칠 수 있을 것이다.

보리스 토마스 씀

들어가며

위기는 생산적인 상태이다.
단지 재앙의 부수적인 느낌일 뿐이다.
__막스 프리슈Max Frisch

오늘날 대다수의 시장은 빠르고 거의 제어가 불가능한 변화들로 완전히 뒤흔들리고 있다. 안전하다고 여겨졌던 비즈니스 모델이 붕괴되고, 이미 세워 놓았던 계획들은 변화된 현실에 발맞춰 끊임없이 수정되어야 한다. 기존에 있어 왔던 전통적인 비즈니스 모델이 점점 더 빠른 속도로 증가하는 경쟁 때문에 스스로 몰락하고 말 것이라는, 미래에 관한 어두운 예측을 야기하는 "붕괴"라는 개념이 전 세계적으로 쓰이게 되었다. 지평선에는 이미 균열이 감지되고 있다. 디지털화와 세계화라는 추세는 압박의 크기를 더욱 키우며, 그 끝이 어디인지 알 수 없는 상태다. 그렇지만 이런 변화를 겪고 있는 것은 시장뿐만이 아니다. 상품의 생산 주기 역시 점차 짧아지고, 신상품

출시는 과거보다 더 큰 실패율을 감수해야만 하게 되었다. 세계적으로 불안정성이 상승한다. 미래는 그 어느 때보다 예측 불가능한 것이 되었다.

이것은 이미 더 이상 새로운 사실은 아니다. 들려오는 뉴스에 주의 깊게 귀를 기울이는 사람이라면 커다란 스캔들이나 위기로 개별 기업이나 때로는 업계 전체의 기반이 송두리째 뒤흔들린다는 소식을 수없이 반복해서 듣게 될 것이다.

동시에 창의적인 스타트업 기업 붐이 일어나고, 테슬라, 우버, 에어비앤비와 같은 새로운 기업들이 순풍에 돛단 듯한 기세로 오랫동안 우위를 점하고 있던 거대 기업들을 밀어내고 재빠르게 그들의 비즈니스 모델을 못 쓰게 만들어 버리는 일도 비일비재하다.

이 모든 일이 의미하는 바는 명백하다. 이렇게 급격한 변화의 바람과 균열, 그리고 위기 앞에서는 어떤 기업도, 어떤 업계도 안전하지 않다. 바로 그렇기 때문에 전 세계 어디에서나 기업의 경영진들이 변화의 과정과 닥쳐온 위기에 적극적으로 대응하기를 그 어느 때보다 더 강력하게 요구받고 있다. 그렇지만 실제로 그렇게 하는 이들은 드물다. 어떻게 해야 할지 모르기 때문이다.

흠 없는 세계에 대한 환상

1980년대에 밀리언셀러로 등극했던 톰 피터스와 로버트 워터먼의 책 『초우량 기업의 조건』은 그대로 따르기만 하면 성공적인 기업으로 자리 잡을 수 있음을 약속하는 정확한 모범 사례들을 제시했다. 이 책이 갓 구워 나온 따뜻한 빵처럼 날개 돋친 듯 팔려 나간 것도 놀랄 일이 아니다. 그런데 그때 그 책에서 본보기로 꼽았던 기업들을 살피다 보면, 다음과 같은 결론에 비교적 빠르게 다다른다. 바로 그중 몇몇 기업들은 이제 아예 존재하지도 않는다는 것이다. 물론 우리는 다른 기업의 성공 전략으로부터 많은 것을 배우고 취할 수 있다. 그렇지만 언제가 되었든 모두 앞서거니 뒤서거니 사라지고 만다! 현재는 너무나 거대해서 전혀 건드릴 수조차 없고 범접할 수 없는 파워를 가진 것 같이 보이는 기업도 언젠가는 위기를 마주하고 극복해 나가야 하는 때가 올 것이다. 이것이 세상 돌아가는 이치다.

어떤 일이 나아지기 전에 먼저 나빠질 수밖에 없는 것은
진화의 한 과정이다.
인간은 위기와 도전 없이는 성장하지 못한다.
__에크하르트 톨레Eckhart Tolle

많은 사람이 실패 없는 세계란 천국과 같을 것이라고 믿는다. 기

업은 더 이상 도산하지 않고, 시장은 늘 계획대로 전개된다. 출시된 모든 상품에는 하자가 없으며, 그 어떤 컴플레인도 존재하지 않고, 경쟁자들은 서로의 경계를 존중할 것이라고 생각한다. 기업 경영에 관해 조언해 줄 일이 있거나 내 프레젠테이션에 온 사람들이 질문할 때 거의 항상 듣는 말이다. "이 일이 잘못되지 않을 거라는 확신이 있다면 곧장 착수할 텐데 말이죠!"

그런데 우리가 만일 모든 실패와 패배를 싹 소거할 수 있다면 어떨까? 어떤 일이 잘못되거나 성공하지 못할 수도 있다는 두려움을 다시는 가지지 않아도 된다면? 나는 이런 질문과 그 이후에 이어질 가능성이 있는 시나리오에 대해 오랫동안, 꽤 자주 생각하곤 했다. 적어도 나에게는 실패 없는 세계란 곧 성장 없는 세계와 다르지 않다. 배움 없는 세계라는 이야기다. 고인 물처럼 지루함에 숨이 꽉 막히는 세계. 미국의 신경 언어학 프로그래밍 트레이너이자 베스트셀러 작가인 토니 로빈스는 자신이 진행하는 워크숍에서 다음과 같이 표현한 적이 있다. "배움에는 끝이 없다." 이 말은 우리가 끊임없이 새로운 도전을 경험하게 되고, 그리고 그 경험으로부터 성장하게 되는 것을 의미한다.

계속, 그렇게 하라

———————

할아버지와 보낸 마지막 순간은 언제까지나 내 기억 속에 머물러 있을 것이다. 조부인 칼 토마스는 인생의 그 어떤 순간에도 다른 무언가가, 다른 누군가가 자신을 낙담시키도록 방치하지 않았다. 나치가 정권을 잡았던 시기에 세계 제2차 대전으로 이어지는 혼란 속에서 처음 가구 회사를 설립했고, 전쟁 포로로 붙잡혔다가 귀환한 이후 전후의 참담한 잔해 속에서 회사를 다시 일으켜 몇 번이고 혁신을 단행했다. 마지막으로 만났을 때 할아버지는 이미 구십이 훌쩍 넘은 연세였는데, 심하게 한번 낙상하신 후로 회복이 더뎌 미래를 장담하기 어려운 상태였다. 하루가 다르게 기력이 떨어지고 있었다. 당시 마흔이었던 나는 요양원에 계신 할아버지를 방문했다. 할아버지는 침대에 누워 계셨다. 무엇인가를 말씀하고 싶어 하신다는 것을 눈치챘을 때 나는 몸을 구부려 귀를 기울였다. 말씀보다는 속삭이는 것에 더 가까웠다. "보리스, 계속 그렇게 하거라." 그로부터 며칠이 채 지나지 않아 할아버지는 세상을 떠나셨다. 그 마지막 만남을 떠올리면 나는 지금도 감동으로 오소소 소름이 돋는 것을 느낀다.

어떻게 계속하라는 말씀이었을까? 무엇을 시도하라는 의미일까? 나는 생각하고 또 생각했다. 아버지와 할아버지는 위기를 돌파하는 데는 선수들이셨고, 가업을 경영하는 동안 정말로 그렇다는 것을 몇 번이고 실제로 증명하셨다. 내 눈에는 두 분은 거친 바다에서도 절대로 항로를 벗어나지 않은 채, 한배에 탄 선원들에게 용기와 신뢰마저 선사하는 것처럼 보였다. 그럴 때면 나는 늘 자신에 대한 회의에 빠졌다. 나에게 너무 과분한 일을 물려받은 것이 아닐까? 그렇지만 조용한 가운데 곱씹어 보면 모든 것이 확실해졌다. 선대가 극복해 온 그 모든 위기들이 우리 회사 앞에 펼쳐진 미래를 위해서 가늠할 수 없을 만큼이나 가치 있는 경험이었다는 것이 말이다. 실패의 경험이 남긴 것을 모두 더하면 결국 그것이 성공의 결과를 합한 것보다 훨씬 더 우리 회사를 강하게 만들었다.

"계속 그렇게 하렴!" 할아버지의 이 마지막 당부는 그 이후로 나의 신조가 되었다. 그 말은 나에게 이런 뜻이다. 절대 포기하지 말고 옳다고 생각한 길을 위해 싸우기를 멈추지 말라는. 비록 선택한 길이 험하고 멀게만 보이더라도 말이다.

위기의 의의와 영향력

위기는 패배와 실패의 경험뿐 아니라 어떤 피할 수 없는 운명적인 사건이나 질병 등을 포함한다. 우리 자신에게 일어나든, 주변 사람에게 닥쳐오든 다양한 일들이 크고 작은 위기를 불러온다. 그리고 그 위기는 우리가 스스로의 인생을 이끌어 나가는 힘이 무엇인지 돌아보게 만든다. 기업 운영에서도 위기란 다양한 모습으로 나타난다.

그다지 중요하지 않은 일부터 중대한 결과가 뒤따르는 실수에 이르기까지, 개개인의 사적인 과오에서부터 기업 전체가 위험에 처하게 될지도 모르는 확장된 스캔들까지. 심지어 어떤 위기는 전 세계에 영향을 끼치기도 한다. 예를 들면 시장 변동이라든지, 재정이나 경제 위기, 기후 변화, 또는 디지털화 같은 것들이다. 이런 위기들은 우리가 거의 혹은 아예 영향력을 끼칠 수 없는 보다 근본적인 변동을 전제로 하고 있기 때문에, 맞닥뜨렸을 때는 홀로 맞서는 것이 불가능하다.

그런데도 불구하고 모든 위기는 제각기 다른 의의와 영향력을 지니고 우리에게 특정한 도전 과제를 던진다.

그래서 우리는 개별적 문제와 부정적인 감정에 휘둘리지 않으면서 그것을 잘 다루는 방법을 배워야만 한다. 장기적인 시각으로 터널 끝에서 다시 밝은 빛을 보는 법도 알아 두어야 한다. 다른 말로 하면 낙관주의와 회복력이 필요하다는 이야기다.

실수와 실패로부터 빠르게 배울 수 있는 전략, 다소 뒤진 위치에서 다시금 비상하여 앞질러 나갈 수 있는 전략을 개발해야 한다. 우리를 지지해 주고 때로 동기를 부여해 주는 같은 편과 함께라면 이상적이다. 기업 경영진으로서 우리는 혹시 사소한 것에 지나친 의미를 부여하는 것이 아닌지 주의를 기울여야 하며, 자신의 회사, 그리고 공공에 손해를 끼치는 일을 피하기 위해 매 시각 적절히 대응해야 한다. 무엇보다도 한 기업을 이끄는 사람에게 지워진 책임은 내가 보기엔 특히 크다.

우리는 시간의 신호를 제대로 파악해서 정확하게 해석해야 한다. 그리고 필요한 경우 재빠르게 행동에 착수해야 한다. 이끄는 기업을 미래 지향적으로 유지하기 위해서는, 당면한 위기가 현재의 비즈니스 모델에 어떤 영향을 끼치는지, 그리고 그 결과 어떻게 반응해야 할지 명확하게 결정할 의무가 있다.

이론과 실제

이 모든 것들이 물론 쉽게 실행에 옮길 수 있는 일은 아니다. 삶이 매사 흑백 논리로 이해 가능하지 않기 때문이다. 성공의 길이 항상 계획에 따라 우리가 원하는 대로, 어느 지점에서 바로 그다음 지점으로, 그리고 곧바로 최종 목표 지점으로 이어지지는 않는다. 계획은 어긋나기 마련이다. 기껏 세운 전략도 틀린 것으로 판명되기 일쑤다. 예상치 못한 곳에서 고꾸라지기도 한다. 직장 생활에서나 사생활에서나, 언제나, 항상, 반복적으로 그렇다. 이론적으로는 우리 모두 잘 알고 있는 이야기다. 상황이 이런 데도 우리는 군이 제발로 완벽주의자의 함정으로 걸어 들어가 스스로에게 매우 엄격한 잣대를 들이댄다. 자기 내면에 존재하는 비판자보다 더 가차 없고, 무자비한 사람이 없을 정도다. 우리는 이 내면의 비판자와 절대 끝나지 않는, 때로는 독설이 작렬하고 때로는 비난이 난무하는 언쟁을 벌인다. 비판자의 말을 완전히 거부하기도 하고, 또는 반박할 수 없는 논리에 굴복할 수밖에 없을 때도 있다. 이것은 내가 직접 경험했기 때문에 할 수 있는 말이다. 좋다는 워크숍에 수도 없이 참여했고, 최고의 연설자들이 연단 위에서 연설하는 것도 들어 봤으며, 리더십과 경영에 관해 고려할 수 있는 모든 면에서 영감을 주는 책들도 수없이 많이 읽었다. 이론적인 지식은 이미 충분한 셈이다. 그렇지만 이런 나도 늘 실전에서 미끄러졌다. 그런 후에는 화가 머리끝까지 났다. 상황에 적절하게 대응하지 못했거나 일을 제대로 처리하지 못했다는 생각에서였다. 내가 이끌고 있는 팀 역시 실수 하나 없이 늘 완전무결할 수만은 없었다. 항상 크고 작은 문제들이 터지곤 했다.

그러는 사이에 나는 그런 상황들이 벌어져도 한 걸음 물러서서 전체를 바라보고 다음과 같은 인식을 가지는 법을 배우게 되었다. 실수는 생길 수 있다. 누구도 완벽할 수 없기 때문에 실수는 불가피한 일이다. 우리는 이 사실을 반드시, 늘 숙지하고 있어야 한다. 내가 이것을 이렇게까지 강조하는 이유는, 우리가 상심의 늪에 빠졌을 때 다음과 같이 생각하기 쉽기 때문이다. 모두들 잘하고 있는데, 오로지 나만, 왠지 모르게 아무것도 제대로 하는 일이 없는 것 같다고 말이다. 그러나 이는 명백히 잘못된 현실 인식에 기반을 둔 생각이다. 모든 완벽주의자들은 자신이 충분한 실력을 갖추고 있지 못하다는 뿌리 깊은 두려움을 가지고 있다. 이런 두려움을 극복하는 것이야말로 다른 사람들을 이끄는 역할을 감당하고자 하는 사람들이 해야 할 일이다. 인간이라면 누구나 불완전하다. 그러나 그대로도 괜찮다는 사실을 깨닫는 일은, 만일 다음번에 또다시 일이 원하는 대로 흘러가지 않을 때에도 우리에게 일종의 해방감과 편안함을 느끼게 한다.

지금 라토플렉스가 처한 상황도 그렇게 이상적인 것은 아니다. 영원히 행복이 지속되는 천국이 아니라, 삶의 다른 모든 일과 마찬가지로 좋을 때와 나쁠 때가 있다. 수년 전부터 나는 우리 회사의 관리자급 직원들을 대상으로 위기 상황에 대비하는 훈련을 하도록 노력하고 있다. 이를 통해 우리는 모든 것이 좋은 시기에도 다음에 다가올지도 모르는 혹독한 시기에 대항해 무장할 수 있다. 우리는 그때 찾아오게 될 두려움들을 미리 파악하고, 명확한 인식으로 삶의 다음 단계를 대비한다. 진정한 삶에 대비하는 것이다. 실패도, 위기도 품고 있는 진짜 인생을.

기업 경영에 있어서든 아니면 사생활에서든, 무슨 일을 하든 반드시 인지하고 있어야만 하는 것이 있다. 바로 100% 안전한 선택이란 없다는 점이다. 바로 그렇기 때문에 우리는 성공과 성공의 법칙만을 익혀야 하는 것이 아니라, 폭풍우가 지나는 것과 같은 시기에 가능한 한 신속하게 그 안을 빠져나가기 위해서 무엇을 해야 하는지에 관해서도 확실히 해 두어야 한다. 충분한 주의를 기울이며, 그리고 동시에 명철한 머리로 위기를 뚫고 나아가는 경험은 기업과 그 구성원들에게 힘과 앎의 새로운 단계를 열어 준다. 그렇게 되도록 하려면 먼저 실패에 대한 인식을 변화시키고, 위기를 불가피하게 일어날 수밖에 없는 일의 일부로 받아들여야 한다.

위기를 통과하는 시기에 탁월한 리더십이 요구된다는 사실에 대해서는 아마 우리 모두가 이견이 없을 것이다. 내 경험에 의하면 각종 위기 상황에 주체적으로 대처하기 위해서는 기업의 경영자와 고위 관리직 직원들에게 특별한 마음가짐이 꼭 필요하다. 실패와 실수를 바라보는 방식을 새로이 배우고, 그리고 위기 상황을 스스로의 정신적 위치를 발견하는 기회로 삼는 것이 그 내용이다. 그 과정에서 외부에서 무슨 일이 일어나는가는, 우리 내면의 명확함에 비한다면 상황을 파악하고 행동으로 진행하는 데에 있어서 그다지 결정적인 요소가 아니다.

지난 몇 년에 걸쳐 서서히 결실을 맺은 이 책의 각 장에서는, 그렇기 때문에 매 요소들에 각기 독립된 장을 할애했다. 내 경험상 각 장의 내용은 성공적으로 위기를 관리하기 위해 가져야 할 일곱 가지 기초 소양이다. 이 과정에서 중요하게 기억해야 할 것은 바로 이것이 다른 무엇보다도 우리 자신에 관한 일이라는 것이다.

1

겸손

내가 겸손하게 살아가기로 하였기 때문에

내 앞의 모든 장애물이 사라진다.

— 요한 볼프강 폰 괴테

취소된 계획

"신을 웃기고 싶다면 그 앞에서 네 계획을 말해 보라." 이 얼마나 절묘한 격언인지. 만약 신이 존재한다면, 아마 2017년 여름이 지난 후의 나를 보며 웃음을 멈추지 못했을 것이다.

이런 일이 있었다. 2015년 한 해 동안 나는 아직 세계 최고였다. 아니, 더 정확히 말하면 침대 매트리스 업계에서 말이다. 사실이 어떠했든 간에 내가 느끼던 바는 그랬다. 우리 회사는 이미 수년 전부터 지속적으로 성장하고 있었고, 손대는 일마다 족족 성공을 거두었다. 삼 년이나 연속으로 침대 업계 생산자 중 고객이 뽑은 가장 인기 있는 업체로 선정되었다. 이런 시기가 계속되면 자연스럽게 하늘을 둥둥 떠다니는 것 같은 기분이 되기 마련이다. 그렇지만 그러다 보면 위험한 곳까지 올라가게 된다. 이카루스의 이야기를 생각해 보자.

나는 패배를 모르는 사람이 되어 갔다. 뭐, 어떤 나쁜 일 따위가 나에게 일어날 수 있겠어? 세상은 이미 내가 정한 규칙대로 움직이는데. 뭐? 문제가 생겼다고? 얍! 손짓 한번이면 모든 문제가 정리될 거야. 그럼 다음 문제, 입장하시죠! 마이크로소프트를 설립한 빌 게이츠는 정말이지 포인트를 제대로 짚은 사람이었다. 그는 "성공은 형편없는 선생이다. 그것은 영리한 사람들로 하여금 자신은 절대로 실패를 겪을 리 없다고 믿게 만든다."라고 말했다. 그 당시 내가 남의 말에 귀 기울일 줄 몰랐고 또 지독하게 느린 학습 속도를 가지고 있었다는 사실은 아마 온 세상이 다 알고 있었을 것이다. 그리고 바로 이런 점이 나를 둘러싼 성공의 환상을 무자비하게 깨부수려는 대형 대포들에게 포위된 형국을 만들었다. 그 후 2년에 걸쳐 진짜 삶은 나에게 과연 누가 결정권을 손에 쥐고 있는 자인지 확실히 보여 주었다. 모든 층위에서 나는 감당할 수 없이 무너져 내렸다. 회사도, 가정도, 인간관계도. 늘 그랬던 것처럼 철저하고 정밀하게 계획을 세웠지만, 내가 원한 대로 흘러가 주지 않았다. 현실은 내가 세심하게 짠 계획들을 모두 망쳐 버렸다. 그런 일이 끝없이 반복되었다. 이 모든 일의 화려한 피날레는 12월 25일의 풍경으로 장식되었다. 매해 그랬던 것처럼 어머니 댁에 맛있는 크리스마스 거위 요리를 먹으러 가는 대신에, 건강이 완전히 무너져 중환자실에서 보내야 했던 풍경 말이다. 이 모든 일 속에 숨어 있는 메시지는 절대 헷갈릴 수 없는 것이었다.

안전망도 쿠션도 없이

　많은 깨달음을 얻게 해 준 일련의 과정을 통해 나는 그 어느 때보다도 겸허한 마음을 갖게 되었다. 삶에서 우리가 스스로 통제할 수 있는 요소가 실은 거의 없다는 사실을 알게 된 것이다. 예전에 나는 대중 앞에서 강연할 일이 있을 때 성공을 보장하기 위해서 모든 일을 제대로 하는 방법에 대해 이야기했다. 그러나 이제 나는 안다. 우리가 소위 모든 것을 알맞게 했다고 하더라도 그것이 반드시 성공을 보장하지는 않는다는 것을 말이다. 그런 이유로 나는 이제 100% 성공을 보장하는 길이 있다는 환상에서 벗어나야 한다는 사실을 명심하고 살아간다. 이런 환상을 지니고 있을 때 일이 잘못되기라도 한다면 엄청난 스트레스를 받는 것은 물론, 그릇된 대처를 하게 되기 때문이다.

　겸허함이 다소 낡은 미덕이고, 우리가 현재 살고 있는, 모든 것이 빠르게 변화하는 시대에 걸맞지 않아 보일지도 모른다는 사실은 나도 인정할 수밖에 없다. 그렇지만 이 개념은 나에게 위기 돌파와 관련해서 매우 중요한 요소 중 하나가 되었다.

　내가 생각하는 겸허함이란, 인생은 종종 제 갈 길을 가고, 우리가 아무리 노력을 쏟아붓고 계획한다고 해도 결국에는 생각과 다른 결과가 나올 수도 있다는 사실을 깨닫게 된다는 뜻이다. 또한 위기나 실패가 인생에서 어떤 역할을 하는지, 그것이 우리에게 어떻게 득이 될 것인지 단번에 알 수 있는 경우가 꽤나 드물다는 점을 의연하게 받아들인다는 뜻이기도 하다. 현재 시점에서 과거를 되돌아보면 이러한 인식에 다다르는 일이 조금은 수월하게 느껴지기도 한다. 그렇지만 한창 폭풍우 속에 있는 사람에게는 오직 거기서 살아 나오는 일만이 중요할 때도 있다. 문제의 의미를 묻는 일은, 그런 상황에서는 영 불가능하게 느껴진다.

겸허한 사람은 자신의 에고를 내세우지 않는다. 겸허함이란 호텔 체인 웁스탈스붐의 대표인 보도 얀센Bodo Janssen이 매우 적절하게 표현한 것처럼 "스스로의 가장 깊숙한 곳으로 내려가 거기에 있는 어두운 그늘까지도 마주할 수 있는 용기"이다. 그는 자신의 깨달음을 다음과 같이 정리했다. "저는 세상이 모두 제 손안에 있고 저야말로 세상 모든 질문에 대한 답, 그리고 무엇보다도 가장 옳은 답을 알고 있는 사람이라는 생각을 가지고 살았습니다. 이 말이 무슨 뜻인가 하면, 일반적인 의미에서의 전형적인 경영자상에 속했었다는 이야기입니다. 무엇이 어떻게 되어야 하는지를 늘 다른 사람들에게 보여 주고 말해 주어야만 하고, 그럼으로써 성공에 한 걸음 더 다가갈 수 있을 거라는 믿음을 가진 그런 경영자 말이지요. 그런데 늘 말하는 데에만 급급한 사람은 결코 새로운 것을 경험할 수가 없어요."

이런 종류의 깨달음과 깊이 있는 진실은 내가 이끄는 회사의 구성원들과 동등한 자리에 서서 서로 눈높이를 맞추는 데 큰 도움이 되었다. 그리고 이것은 정말 탁월한 결과를 냈다. 한 회사 내의 과도한 경쟁은 엄청난 비용과 에너지를 소모하기 때문이다. 내부 갈등이 자기 자신이 모든 답을 알고 있고 늘 옳은 쪽이며, 다른 모든 사람들은 그저 자신을 잘 따라오기만 하면 된다는 그릇된 인식에 기반하고 있는 경우는 드물지 않다. 이런 식의 자만함은 자기도 의식하지 못하는 사이에 틈새를 파고들어 당사자를 잠식하는 경우가 많다. 그렇기 때문에 종종 자신을 돌아보고 성찰하며 자기를 갈고닦는 노력을 멈추지 않는 것이 좋다. (자세한 내용은 2장에서 계속해 이야기하겠다.)

자부심과 자만심 사이에서

사람은 컴포트 존 내부에만 머무른다면 결코 지속적으로 성장할 수 없다. 우리는 일반적으로 자신이 무슨 일을 하고 있는지 인지하고, 목표를 달성하기 위해 노력한다. 또 주변 사건들을 완전히 통제하려 하며, 매번 같은 방식으로 모든 일을 하려고 한다. 이렇게 익숙한 영역 내에서는 사실 그다지 움직일 필요가 없다. 미지의 영역을 탐구하고, 자신의 한계를 뛰어넘고, 컴포트 존 너머를 탐색하려는 동기가 결여되는 것이다. 라토플렉스 역시 과거에도, 그리고 지금도 그 컴포트 존 안에 붙들려 있다. 2010년에서 2015년 사이에 우리는 목표치에 이미 충분히 도달한 상태라는 느낌을 받았다. 더 이상 변화의 필요성을 느끼지 못했다. 적어도 우리는 그렇게 믿었다. 모든 것이 순풍에 돛 단 듯, 그런 한편 항상 같은 리듬으로 진행되었다. 9월이면 다음 한 해를 위한 계획을 세웠고, 늘 그래 왔듯 매출은 언제나 목표를 초과하여 달성했다. 고객들은 만족스러워했고 모두가 우리를 격려해 주었다. 그런데 도대체 왜 스스로의 방식에 의문을 갖거나 변화를 시도해야 하는 걸까?

그 기간에 사내 기획 회의가 어떤 모습이었는지 아직도 기억이 생생하다. 오만과 건방, 거만함의 총체였다. 혹시 위협적인 경쟁사가 있을지, 있다면 어느 회사일까 하는 질문에는 딱히 답이 없었다. 우리가 업계에서 규모가 가장 크고 가장 튼튼하고 가장 강한 회사였으니까. 그러나 "오만은 추락 직전에 온다."라는 말은 얼마나 잘 들어맞는지. 우리는 끝을 모를 정도로 깊이 몰락했다. 온라인 상거래의 증가로 대리점 매출이 하락하는 시장 변화에 거의 아무런 준비가 되어 있지 않았기 때문이다. 우리는 갑작스럽게 그간 아무 문제 없이 유지해 왔던 비즈니스 모델에 대해 의문을 제기하고 상응하는 조처를 해야만 했다. 지금도 여전히 구조 조정 과정은 계속되고 있지만, 그때 우리를 흔들어 깨운 자극이 매우 귀중한 것이었음을 이제는 확신한다. 현재 우리 회사는 새로운 비즈니스 모델을 지속적으로 다듬고 있으며, 새로운 제품을 개발함과 동시에 완전히 새로운 고객 그룹과 접촉을 이어 나가고 있다. 이런 움직임 속에 이전보다 훨씬 더 강한 추진력이 존재함은 물론이다.

도전과 성장

나는 질서 있고 안락한 삶이 가지는 균형 상태에서 벗어나 예상치도 못했고 통제되지도 않는 사건들에 이끌려 어떤 행동을 하게 되는 일이 많아질수록, 무언가를 배울 수 있는 기회 역시 더 많아진다고 믿는다. 어느 정도 규모의 일인지, 그리고 그 일이 어떤 영역인지 관계없이 균형을 잃은 인생의 어느 순간은 그 자체로 훌륭한 학습의 기회이다. 그렇기 때문에 나는 아무런 문제가 없는 좋은 시기에도 우리 회사의 관리자 및 직원들이 자기 계발을 도모할 수 있는 워크숍과 세미나에 참석하도록 독려하는 편이다. 그 일환으로 라토플렉스에서는 소림사의 무술 고수를 모셔 와 세미나를 열기도 하고, 직원들을 대상으로 명상 수업을 진행하기도 했다. 회사와 자기 자신을 외부에서 일정한 거리를 두고 바라보도록 설계된 모든 형태의 훈련은 우리가 좋지 않은 시기를 지날 때 엄청나게 큰 도움이 된다. 유람선에 탑승한 승객들에게 구명정에 오르는 훈련을 시키거나 집에서 화재 또는 다른 비상사태가 발생한 것으로 가정하고 대응 방안을 연습하는 것과 같은 원리다. 멘탈을 돌보는 모든 테크닉과 새로 학습한 능력치들은 우리가 위기를 마주하고 대응하는 과정에서 조금 더 이완된 자세로 임할 수 있도록 도움을 준다.

잘 훈련되어 있고 또한 실력을 빈틈없이 훌륭하게 갈고닦은 팀과 함께라면, 그리고 이 팀이 스트레스 대처 능력이 뛰어나며 어떠한 압박 아래서도 평정심을 유지하여 중요한 사안들을 신속히 결정할 수 있다고 한다면, 그 팀의 리더는 두 눈을 모두 가리고도 위기 상황에서 어렵지 않게 빠져나올 수 있다. 이 말은 그 리더에게는 업무상 꼭 바로잡아야 하는 것들을 편안하게 수정하기 위한 자유로운 움직임이 허락된다는 뜻이다. 승부차기 연습을 하는 축구팀을 상상해 보자. 다음 경기에서 과연 그 능력이 필요할지 그렇지 않을지 결코 미리 알 수 없다. 그러나 예컨대 정해진 경기 시간 내에 승부를 결정할 수 없었기 때문에 결국 승부차기로 승패를 결정해야 하는 상황이 오면, 이 팀은 그것이 예외적인 상황임에도 불구하고 완벽히 준비된 모습을 보일 수 있을 것이다.

더불어 회사의 경영진은 자신에게, 그리고 자기가 이끄는 팀에 위기가 찾아오는 것이 불가피하다는 사실을 분명히 인지하고 있어야 한다. 부정적인 측면만 고려해야 한다는 것이 아니라 오히려 그 반대이다. 좋은 성과가 있었다면 팀으로써 당연히 함께 축하해야 하며 그간 서로가 쏟은 노력에 자부심을 느껴도 좋다. 그러나 성공을 당연한 것으로 받아들여서는 안 된다.

험난한 폭풍우는 언제든지 다시 닥쳐올 수 있으므로 우리는 겸허함을 몸에 익히고 좋은 시기를 누릴 수 있음에 감사하는 마음을 가져야 한다. 승리를 기념하는 행진도 언젠가는 결국 중단되기 마련이며, 우리 중 누구도 평생 실수를 한번도 하지 않을 수는 없다. "내가 확실히 말할 수 있는 단 한 가지는, 기업가라면 자기 자신에 대해서만 이야기해서는 안 된다. '나는', '내가', '나의', 이것을 너의 전부로 삼지 말거라! 성공은 팀이 함께 노력한 결과야. 그들 모두의 공헌으로 이룬 것이거든." 언젠가 나의 아버지 빌프리드 토마스가 강조했던 말이다. "오늘날 시장의 발전 속도를 살펴보면, 모든 것이 디지털화하면서 다음 세대들에게 찾아올 기회들은 예전에는 내가 꿈도 못 꿨을 법한 것들로 가득하구나. 자아실현이라든지, 세계 일주라든지, 어느 나라에서든 일할 수 있는 것이라든지. 기업가라면 이 모든 것이 기회임을 명심해야 할 거야. 해가 갈수록 팀원들에게 하나의 동일한 목표를 위해 함께 지지하고 노력하고 버티고 싸우자고 동기를 부여하는 일이 점점 더 어려워지고 있다. 지금 우리가 맞이한 극적인 변화들을 생각하면 국가 차원에서도 노력해야 할 거야. 내 생각엔, 그런 노력이 있어야만 기업 내에서나 사회에서나 구성원들이 분열되어 서로 대척하며 싸우는 일을 막을 수 있을 것 같아."

봄에 새잎이 돋기 위해서는
반드시 변화가 필요하다.
__ 빈센트 반 고흐

인간을 중심에: 겸허함과 기업 문화

빌프리드 토마스는 라토플렉스의 설립과 수십 년에 걸친 발전 과정을 모두 지켜봐 온 산증인이다. 그가 가진 기업가로서의 재능은, 작은 목공소로 시작한 회사를 세계적인 기업으로 만들었다는 점만 보아도 알 수 있다. 한 가지 확실한 것은 지칠 줄 모르는 그의 노력이 없었다면 라토플렉스는 특히 설립 초기 몇 년간 이어진 수많은 위기를 결코 극복할 수 없었을 것이라는 점이다. 다른 무엇보다도 나는 그로부터 명확함과 결단력을 겸비한 기업가란 어떠해야 하는지를 배웠다. 결국 그것이 올바른 결정이었는가 아닌가에 관한 것이 아니라, 어떤 상황에 직면했을 때 서슴지 않고 나아가 결정을 내릴 용기를 갖는 일에 관한 이야기이다. (6장에서 자세히 설명하겠다.) 이러한 면에서 아버지는 나에게 누구보다 훌륭한 롤 모델이다. 개인사와 가족을 돌보는 것에서 그치지 않고 회사 전체와 직원들 모두를 위해 오랜 세월 동안 열정적으로, 또 누구보다 힘차게 일해 왔다는 사실이 무엇보다 감동적이다. 그는 아직도 매일 회사에 들러 직원들과 이야기를 나누며 사람들의 안위를 챙긴다. 의무로 부과되는 일의 범위를 넘어선 이 개인적인 헌신이 바로 아버지를 특별한 사람, 특별한 경영자로 만드는 것이다. 오늘날까지도 직원들이 그에게 깊은 감사를 느끼고 있음을 감지하는 것은 전혀 어려운 일이 아니다.

Q 아버지는 수십 년 동안 한 기업을 이끌어 왔으며 당시 휴고 데겐 씨와 함께 갈빗살 프레임 침대 시장을 발굴했습니다. 이 모든 일의 시작은 어떠했나요?

A 가장 처음은 내 아버지의 가구 공방에서 시작되었지. 당시 매우 특별한 가구를 생산하는 공방이었고, 그 일을 보며 자란 것이 나에게 깊은 인상을 남겼단다. 1962년에 아버지의 가구 공방을 넘겨받았을 때, 목표로 삼은 것이 하나 있었다. 절대 표준화된 물건을 만들지 말고 항상 특별한 물건의 생산을 추구하자는 것이었지. 마케팅에서는 아마도 이를 '고유한 셀링 포인트unique selling point'라고 부르지 않을까 싶어. 우리는 오랫동안 그 점을 목표로 해 왔고, 그건 오늘날까지도 마찬가지지.

Q 설립 이래 우리 회사는 여러 번 근본적으로 변화했고 일부는 완전히 재창조되었다고 해도 과언이 아닙니다. 이는 우리가 겪어 온 부침이라든지 위기와 관련이 있겠지요. 라토플렉스가 그동안 경험한 기복과 쉽지 않았던 고통스러운 시기를 들여다보면 분명히 알 수 있습니다. 이 모든 것을 회고하면 어떤 느낌을 받으세요?

<u>A</u> 물론 새롭고 전례가 없는 방식으로 일을 추진하면 잘못될 가능성도 높고 실수를 초래할 수도 있지. 우리는 그런 상황을 수없이 겪었어. 사람들은 그런 상황을 위기라고 말하곤 한다. 그런데 위기에 대해서 내가 말하고 싶은 건, 모든 위기는 지진과 같다는 것이야. 명확한 신호가 미리 전송된다. 그걸 제대로 포착할 수만 있다면 제때에 위기에 맞서는 방법을 찾을 수 있어.

기본적으로 나는 기업가에게, 그리고 무엇보다도 모든 인간에게 위기란 꼭 필요한 것이라고 생각한다. 아파 보지 않은 사람은 건강함의 진정한 의미를 모르지 않니. 병을 앓는 경험과도 비교할 수 있는 위기를 겪는 과정을 통해 겸손이 자라나고, 그건 우리 모두에게 아주 중요한 것이야. 기업에 있어서도 마찬가지란다. 위기는 그것을 맞이한 사람으로 하여금 어떤 상황에 대해서 재고하고, 전체 사안을 근본적으로 숙고하도록 강요하는 면이 있어. 좀 더 부드럽게 얘기하자면 그럴 수밖에 없는 위치로 우리를 데려다 놓는 거야. 어느 시점에선가는 결단을 해야 하는 때가 오거든. "우리가 여기서 해야 할 일은 약간의 변화를 준다거나 지금보다 조금만 나아지려는 게 아니다. 그보다 근본적으로, 모든 것에 대해 생각해 봐야 한다."라는 식으로 말이지. 그런 결단을 했을 때에만 그 기업이 새로 거듭날 수 있는 기회를 가지게 되는 거야. 우리 회사 역시 지난 세월 동안 이런 과정을 여러 번 거쳤잖니. 세계 최초로 갈빗살 프레임 침대를 출시했지. 장애가 있는 사람들을 위한 제품도 개발했고. 그런 과정을 거치며 이

제는 자체적으로 개발한 기술을 적용한 공장에서 탄소 섬유와 유리 섬유 제품까지 생산하고 있다. 우리 회사에서는 현재 목재를 사용한 제품은 더 이상 만들지 않고 있어. 그러기로 한 결정 역시 위험 부담이 적지만은 않았던, 우리에게는 아주 근본적인 변화였어.

Q 많은 사람들이 오늘날 이미 진행되고 있는 디지털화에 대해 긴장을 놓지 않고 있고, 이것이 상거래 시장에 어떤 영향을 미칠지 궁금해합니다. 현재 상황을 어떻게 평가하십니까?

A 나는 요즘 젊은 세대가 어떤 태도를 취하는지, 그리고 그럼으로써 그들이 어떠한 가치를 대변하는지 관찰하곤 한단다. 또 독일 정부의 정책을 살펴보기도 하고, 우리 회사가 있는 이 작은 마을에서 내 주변을 둘러싸고 있는 많은 것들을 바라보지. 내 생각에 위기는 누구에게나 공평하게 찾아오는 것 같다. 위기는 때로는 그것을 맞닥뜨린 사람을 바닥으로 다시 끌어내려 겸허함을 가르치기도 한다. 요즘 젊은이들은 일견 자신이 가지고 누리는 것들에 감사하는 것처럼 보이기도 하지만, 내가 보기엔 진정으로 그렇지는 않은 것 같아. 이 나라에 70년이 넘도록 이어지고 있는 평화가 실은 당연한 것이 아닌데 말이야.

디지털화에 관해서는, 90%가 넘는 사람들이 그런 흐름에 반대하는 것은 지극히 정상이라고 생각한다. 공업이 자동화될 때도 마찬가지 아니었니? 포드가 컨베이어 시스템을 도입할 때도, 증기 기관차가 발명되었을 때도 처음에는 큰 저항에 부딪혔었어. 새로운 것이라고 하면 사람들은 늘 최악의 경우만 떠올리거든!

Q 앞서 겸허함이라는 단어를 사용하셨는데요. 위기 상황에서나 또는 그냥 일반적인 경우에 겸허함을 갖는다는 것은 어느 정도나 도움이 될까요?

A 나는 사람이라면 인생에 대해 대체로 겸손한 자세를 가져야 한다고 믿는다. 겸손이란 무엇보다도 자기에게 모든 것을 할 수 있는 능력이 없다는 것을, 또 자신이 모든 것을 다 알지는 못한다는 것을 인정한다는 의미이지. 특히나 컨설팅 분야에는 자기가 모든 것을 알고 있다고 믿는 사람들이 엄청나게 많아. 물론 컨설팅뿐 아니라 기업을 직접 경영하는 기업인들 중에도, 한 번 성공했던 경험으로 미루어 성공이란 무엇인가를 자신이 완벽히 꿰고 있다고 생각하는 사람들이 있다. 사람이 스스로 이런 오만으로부터 벗어나기는 쉽지 않은 일이야. 우리가 처음 갈빗살 침대 프레임을 개발해서 큰 성공을 거두었을 때, 아, 물론 처음에는 아무도 사려고 하지 않았지만 말이야. 그런데 한번 성공을 거두고 나니 이후로는 그것과 같은 수준의 성과를 계속해서 올려야만 한다는 부담이 생겼어. 하지만 그 뒤로 어떻게 흘러갔는지 너도 잘 알고 있지…? 유명한 축구 감독 젭 헤

베르거가 했던 말이 있었어. "경기가 끝나면 다음 경기 시작 전이 된다." 정말 적절한 말이라고 할 수 있지. 직접 몸으로 부딪히며 모아 온 경험의 가치를 높이 평가하며 소중히 지니고 가되, 그럼에도 불구하고 거듭 질문을 던지며 걸어갈 수 있도록 해 주는 것이 겸손이란다. 기업의 경영진들이 자아도취 상태로 "직원들은 아무것도 몰라. 성공을 이끈 사람은 나잖아. 일이 어떻게 되어야 하는지 아는 사람은 바로 나야."라고 말하는 대신, 함께 일하는 사람들의 의견을 더욱더 경청하도록 도와주는 것이 겸손이지.

Q 위기의 한가운데 있을 때 사람들은 경마장의 경주마처럼 다른 곳은 보지 못하고 현재의 불운에만 초점을 맞추고 있는 경우가 잦습니다. 그렇게 폭풍우 속에 있는 시기에 회사의 구성원들에게 가야 할 방향을 제시하고, 새로운 시도를 장려하고, 모든 것이 잘될 것이라고 안심시키는 역할을 해야 할 경영진 혹은 기업가의 책임에 대해서는 어떻게 생각하세요?

A 한 가지는 확실히 말할 수 있어. 위기를 겪는 도중에 "한번 이렇게 해 볼까?"라고 새로운 것을 시도할 수는 없어. 정말 불가능한 일이지! 기업 문화를 구축한다는 것은 회사를 설립할 때 이미 시작되는 일이고, 지속적인 과정과도 같단다. 개인적으로 나는 스포츠 정신에서 많은 교훈을 얻었다. 서로 공평하게 겨루어야 한다거나, 때로는

패할 수도 있다는 것을 배워야 한다는 것도 말이다. 달성하고자 하는 목표가 있는 사람에게는 이런 것을 배우는 일이 제일 어렵게 느껴지지. 또 '우리'를 중심에 두는 팀 정신도 중요해. 우리는 늘 "우리에겐 그 누구도 해를 입힐 수 없어!"같은 말을 외치곤 했잖니. 그런 말이 서로를 이어 주는 접착제가 되기도 한단다.

관리자 또는 기업가로서 갖추어야 할 중요한 자질 중 하나는, 모든 것이 문제없이 좋은 시기에도 당장 내일이라도 이러저러한 일이 생긴다면 어떻게 대처해야 할 것인지 대비하는 마음가짐이라고 생각한다. 언젠가 위기가 다가올 것이라는 사실은 확실하기 때문이지. 위기에 맞닥뜨린다는 것은 어떤 면에서는 능력이 있고 없고와는 전혀 상관이 없거든. 더 중요한 건 위기가 왔을 때 기업 문화가 제대로 구축되어 있어야 하고, 따라서 유연하게 대처하며 그 위기를 뚫고 나갈 만한 힘이 있는 상태여야 한다는 점이야.

Q 그런 시각에서 보면 위기가 가진 매우 긍정적인 측면도 발견하게 되는 것 같아요. 겸허함을 배우게 된다든지 숙고하는 습관을 익힐 수 있다는 것, 그리고 무엇보다도 그게 새로운 도전을 향한 기회가 된다는 것도요. 아버지는 이것이 성공적인 기업가라면 지녀야 할 마음가짐이라고 보시는 건가요? 비관적이기보다는 낙관적인 시각을 지녀야 한다는 것이요.

<u>A</u>   100%지! 나는 이제 은퇴해서 더 이상 사업에 관여하지 않지만, 너에게 주어진 기회는 이제부터라고 해도 과언이 아니란다. 그리고 지난 시대에 나는 꿈 꿀 수조차 없었던 교육 기회를 가진 우리 다음 세대에겐 그보다 더 큰 기회가 주어지겠지. 이렇게 말하면 내가 너무 늙은이 같이 느껴질지도 모르겠다만, 이제 파묻혀 있던 안락한 소파에서 뛰어내려 올 때야!

개인적 시련

때로는 새로운 장으로 돌파해 나가기 위해
먼저 붕괴 과정을 겪어야 합니다.
__오프라 윈프리

나의 모험이 시작된 것은 1992년이었다. 대학을 마치자마자 아버지는 곧바로 회사 경영에 합류할 것을 제안하셨다. 내 입장에서 이것은 매우 큰 폭의 진전이었지만, 어쨌든 나는 그 시작이 훨씬 더 매끄러울 것이라고 상상했다. 그러나 불행히도 처음부터 길은 고르지 않고 울퉁불퉁했다. 다르게 표현하자면, 나에게도 위기를 통해 무언가를 배울 기회가 온 것이다.

말하자면 라토플렉스라는 배는 험한 바다로 떨어진 셈이었다. 우리가 봉착한 문제를 나열하자면 끝이 없었다. 침대 업계 쪽에서는 갑자기 할인 매장 붐이 일었고, 독일이 통일되어 베를린 장벽이 무너진 뒤에는 구 동독에서 가구를 훨씬 저렴한 비용으로 제조할 수 있게 되었다. 우리가 가지고 있던 대부분의 특허가 취소되었고, 경쟁 업체들은 우리 기술을 모방해 곧바로 뒤를 추격해 왔다. 정말이지 지옥이 따로 없었다. 앞으로 일어날 일들을 미리 알 수 있었다면 나는 결코 경영 일선에 합류하라는 제의를 받아들이지 않았을 것이다. 그렇지만 나는 이미 그 소용돌이의 한가운데에 들어와 있었고, 어떻게든 정신을 차리고 한 팀을 이루고 있는 우리 회사 사람들에게 돌파구를 마련해 주어야만 하는 상황이었다.

이 폭풍우 속에서 우리는 회사가 미래에 더 큰 비전을 가질 수 있도록 정비하기 위해 위험을 감수하고 완전히 새로운 시도를 해 보기로 결정했다. 라토플렉스는 설립 초부터 모든 제품을 단순히 '나무'만을 재료로 생산해 왔다. 그리고 나 자신도 목수 공방에서 교육 및 시험을 마쳤지만, 어느 시점에서부턴가는 목재만으로는 소재의 한계에 부딪힐 수밖에 없다는 것이 분명해졌다. 그리고 그것은 침대 업계만의 일은 아니었다. 사람들은 이제 더 이상 나무로 만든 스키를 타려고 하지 않았고, 새로 개발된 섬유 소재를 사용한 스포츠 장비를 선호하게 되었다. 그래서 우리는 유리와 탄소 섬유 소재를 사용한 완전히 새로운 갈빗대 생산 시스템을 구축하기 시작했다. 하이테크라는 이름 아래 우리가 동원할 수 있는 수단은 모두 동원했다.

1996년에 아버지와 나는 침대 업계에 우리의 새 제품 라인을 자랑스럽게 내놓았다. 그것이 우리를 천국으로 보내 줄 것이라 믿었지만, 뚜껑을 열어 보니 실상 우리가 탄 것은 지옥행 열차였다. 발목을 잡은 것은 결국 그 새로운 기술이었다. 신소재로 만든 기다란 형태의 바는 사용하는 과정에서 너무 쉽게 부러져 버렸고, 여기저기서 불만의 소리가 들려와 그 안에 빠져 죽을 지경이었다. 격분하여 제품을 환불해 달라고 몰려온 소매상 점주들과 고객들을 마주하는 것이 일상이었다. 우리 회사에 대한 신뢰감이 심각하게 흔들리고 있었다. 매출이 단기간에 급격하게 곤두박질친 것 또한 논리적으로 자명한 일이었다. 라토플렉스는 또다시 맨 밑바닥에 서 있었다.

쓰디쓴 알약

이 최초의 위기가 이제 막 경영자로 전면에 나선 나를 둘러싼 주의의 분위기를 급격히 냉각시켰다. 대학에서는 많은 것을 가르치지만, 정작 진짜 위기 상황에서 어떻게 대처해야 하는지, 그리고 상황이 급변할 때 어떻게 대응해야 하는지를 체계적으로 훈련받을 수 있는 곳은 없다. 이제 우리는 혼란에 빠진 팀과 이미 모든 기대를 버린 고객들, 곤두박질친 브랜드 신뢰도 같은 엉망이 된 파편 더미 앞에서 있었다. 업계 사람들은 우리가 이대로 몰락해 버리고 말 것이라는 데 내기를 걸었다.

오늘에 와서 그때를 되돌아보면, 그 시간은 나를 경영자로서뿐 아니라 한 인간으로 성장, 발전시키는 데 꼭 필요한 약이었다고 생각한다. 다른 무엇보다도 위기 상황에 처한 사람이 저지를 수 있는 실수들에 대해 학습했다. 그리고 그때부터 위기를 겪는 것 자체가 매우 가치 있다는 것을 점점 더 잘 알게 되었다. 그리고 이제 나는 확신을 가지고 말할 수 있다. 위기에 처한 시기에 경영진이 취하는 구체적인 행동과 태도가 위기 이후의 상황이 어떻게 흘러갈지를 결정한다는 것을 말이다. 실패가 결국엔 더 강해지고 새로운 것을 배울 수 있는 기회가 될지, 아니면 그것이 끝을 향해 달려가는 시작이 될지를.

또 하나, 그 시점에 아버지가 분명 매우 중요하게 여겼으리라고 생각되는 점은, 바로 라토플렉스의 경영권을 나에게 넘기는 데 있어서 회사의 모든 구성원 앞에 큰 결격 사유나 의심이 없도록 하는 것이었다. 가족 경영 회사라면 대개 마주하게 마련인 문제는, 과연 가족 내에서 누가 경영상의 전권을 가지는지 불확실할 때가 많다는 점이다. 이런 경우에 고용 자체가 불안정해질 수 있기 때문에 기업 내 구성원들은 이 문제에 민감할 수밖에 없다. 이 부분을 명확하게 정리해 주었다는 것에 대해 나는 오늘날까지도 아버지께 감사한 마음을 가지고 있다. 그 일 이후 나는 확실히 기업을 이끄는 리더이자 기업가로서의 길에 큰 어려움 없이 접어들었기 때문이다.

지금에 와서 당시에 우리가 처해 있던 어려운 상황을 다시 되돌아보면, 어떻게든 힘을 모아 극복할 수 있었다는 것이 여전히 뛸 듯이 기쁘기만 하다. 그 과정이야 험난했지만 우리는 끝내 함께 싸웠다.

당시 내가 풀어야만 했던 가장 큰 문제는, 자꾸 그 어떤 문제도 있을 수 없다고 부인하고 싶어 하는 마음이었다. 매출이 통계상으로 확실히 떨어지고 그와 동시에 반품되는 상품의 수도 증가하고 있는데도, 아무도 적극적으로 나서서 무언가를 하는 사람이 없었다. 당시 상황에 대해 이야기를 나누었던 기업 컨설턴트가 그런 경우들에 들어맞는 비유를 한마디로 정리했다. 많은 경우에 사람들은 초가삼간이 완전히 다 타 버린 후에야 상황을 인정하며 수습에 들어간다고 말이다. 그때 우리 상황이 바로 그랬다. 회사의 고용인들에게 우리가 지금 서 있는 위치—저 밑바닥에 가까운—를 분명히 알리기 위해서는 유쾌하지만은 않은 대화를 수없이 반복해야 했고, 거기에 들어가는 에너지도 꽤나 클 것으로 예상되었다.

많은 이들이 위기에 처했을 때 얼마나 고집스럽게 그 상황을 무시하며 버티는지는 정말 놀라울 정도다. 성공의 굴레—어쨌든 우리는 새로운 갈빗살 침대 프레임을 개발했던 회사이고, 세계 제일의 자리에 올랐었다는 과거의 영광을 여전히 현재 진행형이라고 믿는—가 결국 우리에게 게으른 태도로 자승자박할 수밖에 없도록 만들었다. 이러한 기만을 스스로 극복하는 것(2장에서 더 자세히 설명하도록 하겠다)이 바로 위기를 뒤로 하고 성공의 길로 돌아가는 열쇠다.

책임 소재라는 브레이크

실패나 위기에 직면했을 때 사람들은 자꾸 누구의 책임인지를 찾으려는 경향이 있다(5장 참조). 그런 상황에 처한 것이 경영진이라고 해도 예외는 아니다. 그러나 비난에 초점을 맞추는 것은 위기 상황에서 뿐만 아니라 일반적으로 지도자가 할 수 있는 가장 큰 실수 중 하나이다. 관리자가 중대한 위기 상황에서 침착함을 유지하지 못하고 중립적인 태도를 잃은 까닭에 팀에 심각한 피해를 주는 것은 그렇게 드문 일이 아니다. 그럴 때면 회의에서 공개적으로 개인적인 지적 사항들을 드러내기도 한다. 그렇지만 이것은 절대 해서는 안 되는 일이다! 그런 식으로 손상된 서로 간의 신뢰는 회복이 어려운 경우가 많다. 간혹 아주 장기적으로 망가지는 신뢰 관계도 있을 수 있다. 실수로 인해 발생한 일의 결과 때문에 그런 식으로 심한 대우를 받을까 두려워해야 한다면, 어느 누가 앞으로 감히 새로운 일을 시도하려고 할까? 정말로 그런 의미를 담은 시그널을 보내고 싶은 것인가? 내 생각엔 그것은 옳은 길이 아닌 것 같다.

이 방법은 실제로 문제를 해결하는 데에는 거의 도움이 되지 않는다고 봐도 과언이 아니다. 책임 소재자로 지목된 사람은 당연히 스스로를 방어하고 자기 입장을 정당화하고 싶어 할 것이며, 그러면 도대체 누가 옳고 그르냐에 관한 끝없는 토론이 불붙는다. 불필요하게 많은 시간과 에너지가 소모되는 것이다. 목재에서 신소재로 옮겨

가는 과정에서 마주한 당시의 위기 상황에서도 대체 누가 잘못했는지 유리 섬유 바의 재료를 잘못 구매했던 사람을 찾아내는 것은 전혀 요점이 아니었다. 단 하나의, 신속하게 처리해야 할 유일한 문제는 어떻게 하면 우리의 고객들이—당장 내일부터라도 곧바로—하자 없는 제품을 받아 볼 수 있는가 하는 것이었다. 그러므로 우리가 집중해야 할 부분은 문제를 해결하는 쪽이었다.

위기 상황에서 책임 소재를 찾는 일에 집착하는 행동은 다리에 무거운 통나무를 달고 앞으로 더 나아가지 못하는 것과 다를 바가 없다. 이제 그 통나무를 떨쳐 내고 적절한 해결책을 찾아야 할 때다. 이것이야말로 내가 살면서 얻은 가장 중요한 깨달음 중 하나이다. 이 덕분에 헤쳐 나올 수 있었던 위기들에 무한히 감사하며, 나는 이 깨달음을 내가 이끄는 팀과 새로 경영진이 된 구성원들에게도 성실히 전달하고 있다.

위기의 가치

수백 또는 수천 명의 직원을 가진 회사를 이끌면서 커다란 변화를 시도하는 것이 매우 까다로운 일임에는 이견이 없다. 디지털 혁신이나 그 밖의 다른 도전에 늘 다시 직면하는 것도 속된 말로 장난이 아니며, 그 결과로 회사와 회사 내의 개별 팀들이 완전히 새롭게 정립되기도 한다. 이런 모든 일이 버겁게 느껴지지만, 내 안의 일부분은 이것이 앞으로 다가올 몇 해 동안 얼마나 가치 있는 일이 될지를 잘 알고 있다. 아마도 위기의 의미는 다른 무엇보다도 변화를 가속화한다는 점일 것이다. 그리고 그중에서 많은 것들—내가 직접 경험해서 이제 확실히 안다—이 좋기만 했던 시절이라면 결코 가능하지 않았을 것임을 잘 알고 있다. 기업 경영에서만이 아니라 경영자 한 개인의 발전에서도 위기가 진정한 가치를 가지고 있다는 점을 우리는 이후에 위험했던 시기를 회상하며 알 수 있을 것이다.

모든 위기에는 각기 전달하고자 하는 메시지가 있다고 생각한다. 우리는 모든 위기에 적용 가능한 단 하나의, '올바른' 해결책을 알 수는 없다. 그렇기 때문에 다음에 찾아올 실패, 다음 좌절, 다음 위기에 대비하기 위해 자신과 팀을 철저히 준비시키는 수밖에 없다. 그러기 위해서 무엇보다도 필요한 것은, 실패 가능성에 관해 열린 마음으로 대화하는 것이다. 내가 경험한 바로는 과격할 정도로 솔직하게 그 문을 열어젖히는 것이 가능한 한 빠르게 위기에서 벗어나는 방법이다. 그런 이유로 나는 회의에서 늘 무언가 잘못될 가능성에 대해 매우 공개적으로 이야기하곤 한다. 실패는 언제든 따라올 수 있는 옵션이다. 그래서 가능한 해결책을 팀 구성원들과 미리 논의하는 것이다.

장인匠人도 위기를 겪는다:
투지와 지속적인 자기 계발

슈테파니와 마르쿠스 슈타인라이트너 부부는 2009년부터 뮌헨 근처 바이에른 지방의 스트라우빙에서 슈타인라이트너 베이커리를 운영하고 있다. 가족들이 꾸려 왔던 베이커리 사업 자체는 1970년대에 설립되었고, 현재 바이에른 지역에 아홉 개의 지점이 있다. 2015년에 슈타인라이트너 베이커리는 유명 TV 프로그램 '독일 최고의 제빵사Germany's Best Baker'에서 2위를 차지했다. 그 프로그램에 출연하여 공개한 레시피를 담고 있는 책 『바이에른 최고의 빵집 레시피로 더 맛있는 빵 굽기』에서 마르쿠스 슈타인라이트너는 자신만의 베이킹 비법을 취미로 베이킹을 하는 모든 사람들에게도 공개하고 있다. 그의 아내인 슈테파니 슈타인라이트너 또한, 원래의 커리어는 제과 제빵 영역과 전혀 상관없는 것이었음에도 불구하고, 지금은 열과 성을 다해 가족 기업을 함께 이끌어 가고 있다. 빵의 세계로 떠난 여정은 그녀에게 쉬운 결정이 아니었다. 그렇지만 투지를 가지고 모든 장애물과 용감히 싸웠고, 실패를 대면할 때마다 다시 추슬러 일어났다. "현재 제가 담당하는 영역은 고객과 직원 관리, 그리고 마케팅입니다. 간단히 말해 저희 고객들은 제가 이 회사의 영혼이라 말씀하시곤 하죠." 슈테파니 슈타인라이트너가 자신의 일을 설명하는 말이다.

이런 긍정적인 반응이 유달리 인상적인 것은, 이 베이커리가 오랜 시간 동안 어려운 상황에 놓여 있었기 때문일 것이다. 이 기업가 부부가 가족 사업을 물려받던 시점에 회사는 파산 직전이었다. 그런 이들을 구조한 것은 원래의 뿌리로 돌아가 방법을 찾는 일이었다. "할머니의 방식으로 구운 빵." 오늘날까지도 슈타인라이트너 베이커리는 이 모토에 충실하게 운영되고 있다.

Q   베이커리 사업에 뛰어들던 때의 개인적인 경험을 조금 들려주세요.

A   실제로 저는 파산과 결혼한 셈이에요. 아, 물론 남편 얘기가 아니라 우리 회사 말이에요. 결혼해서 처음 은행에 면담을 갔던 날이 아직도 생생히 기억납니다. 금요일이었던 것까지 말이에요. 은행 직원이 남편에게 던진 첫 질문이 이거였어요. "최종 파산 신청을 원하십니까, 슈타인라이트너 씨?" 나는 그 옆에 별다른 생각 없이 앉아 있었어요. 그런데 은행 담당자가 갑자기 이렇게 말했습니다. "지금 귀사가 당면한 가장 큰 문제점은 옆에 앉아 계신 여성분입니다. 사모님께서는 제빵에 관해서도 기업 경영에 관해서도 전혀 아는 게 없으니

까요." 그 말을 듣는 순간, 내 자존심에도, 명예에도, 마음에도 생채기가 나는 것처럼 아픔이 느껴졌습니다. 하지만 내가 무슨 말을 할 수 있었겠어요? 그 사람 말이 옳았거든요. 나는 이 분야에선 신입이나 마찬가지였어요. 그전에는 심리 치료사로 일했었으니까요. 정말 아는 게 하나도 없었지요. 인생을 살면서 그렇게까지 비참한 기분인 적은 없었던 것 같아요. 처음에는 그저 상처받은 곳을 어루만지며 동굴 속으로 숨어들어 가고만 싶었습니다. 그렇지만 오래 지나지 않아 두 팔을 걷어붙이고 큰 소리로 나 자신에게 이렇게 외쳤어요. "너는 싸우게 될 거야. 그러다 실패하더라도, 넘어지면 일어서서 깃발을 흔들면서 싸울 거야!"

Q   그러고 나서 무슨 일들을 하셨나요? 어떻게 계속되었지요?

A   제일 먼저 제빵과 판매에 관한 모든 것을 배웠습니다. 그나마 와인 거래상과 정육점 집 딸이었기 때문에 그렇게 할 수 있었던 것 같아요. 그렇다고 아직 직원들을 통솔할 수 있는 것은 아니었어요. 그 부분에서 저는 저지를 수 있는 모든 실수를 저질렀고 많은 수업료를 지불했습니다. 사람들이 이전과 비교해도 상황이 여전히 좋지 않다는 것을 빠르게 눈치채는 것도 무리가 아니었어요. 그때는 제가 모든 것을 고쳐 놓아야 한다고 생각했습니다. 결국엔 창피만 당하고 물러나야 할까 봐 두려웠고, 자존감은 거의 0에 가깝게 떨어졌어요.

그러는 와중에 직원들이 줄지어 사표를 내고 회사를 그만두기 시작했어요. 기업가라면 높은 이직률이 경영상으로 무엇을 의미하는지 모르시지는 않겠지요. 특히 한 사업체가 얼마나 건강한가를 평가하는 지표라고 볼 수도 있잖아요. 더 많은 사람들을 잃는 것이 두려워서 점점 더 자주 타협을 하고, 나 자신을 포기했고, 번아웃에 봉착할 위기에 처했습니다. 어느 시점에선가 저는 그냥 숨어 버리고만 싶어졌어요. 그렇지만 넘어지면 일어서서 깃발을 흔들며 싸울 거라던 다짐을 다시 기억했습니다. 그리고 다시 한 번 마음을 다잡았어요. 내가 빵에 대해 배울 수 있었듯이, 경영에 대해서도 분명 배울 수 있으리라고요. 그리고 결국은 그렇게 해냈죠.

Q 직원들을 떠나지 않게 하기 위해 어떻게 동기를 부여했습니까? 당신이 얼마나 진지한지와 머무르는 것이 그만한 가치가 있으리라는 것을 어떻게 확신시키셨습니까?

A 철저히 정직하겠다는 원칙으로요. 바로 다음 직원 회의에서 저는 아무것도 숨기지 않겠다는 마음으로 모든 것을 솔직하게 털어놓았어요. 우리 회사가 현재 겪고 있는 위기 상황에 다른 누구도 아닌 저 자신이 원인을 제공한 바가 있으며, 이제 무언가 변화가 필요하다는 것을 확실히 인지했다는 점을 직원들 앞에서 공개적으로 인정했죠. 그리고 두 가지를 약속했습니다. 첫 번째는 우리 회사가 구성원들에

게 환상적인 혜택을 제공하는 미래의 모습을 꿈꿀 수 있도록 변화하 겠다는 것이었습니다. 그리고 두 번째는, 그 길을 함께 가기로 결심 한 사람들에게 반드시 안정된 일자리를 보장하겠다는 것이었어요.

말을 마치고 나니 쥐 죽은 듯한 침묵이 지배하더군요. 버티고 서 있 는 것조차 힘겹게 느껴졌어요. 잠시 후에 저희 회사의 제빵사 중 한 분이 일어서더니 박수를 치기 시작했습니다. 그러자 그 자리에 있던 다른 모든 사람들이 동참해 박수를 쳤어요. 가슴에서 커다란 바위가 하나 사라진 것 같은 느낌이었어요. 안도감에 흐르는 눈물을 감출 수가 없었습니다. 그러고는 이렇게 말했습니다. "좋아요 여러분, 그 럼 이제 함께 시작해 봅시다!"

Q   그로부터 약 10년이 지난 지금 회사는 어떤 상황인가요?

A   사람들은 우리 베이커리를 바이에른 제일의 빵 전문가라고 부르고, TV와 라디오에도 우리 빵에 관한 방송이 여러 번 나갔어요. 물론 기 쁜 일이죠. 하지만 목표한 바에 다다르기까지는 아직 한참 남았어 요. 계획하고 있는 것들이 몇 가지 더 있거든요. 이제 퇴사자는 거의 없어요.

개인적으로 깨달은 것은, 그 시간 동안 제가 겸허함을 배워 왔다는 사실이에요. 우리가 스스로 인생의 모든 요소들을 통제할 수 없음을 알게 되었을 때 가지게 되는 겸허함 말입니다. 그리고 삶은 자기 나

름의 규칙들에 의해 굴러가며, 지나간 후에 돌아보면 위기는 늘 훌륭한 교사였다는 것도 알게 되었지요. 당시에 깊이 추락했던 경험이 없었다면 지금 저는 어떤 모습일까요? 이 모든 것을 배움으로써 제가 스스로를 더욱더 발전시킬 수 있었다는 게 얼마나 큰 선물인지 모르겠어요!

Q 그러한 길을 가고자 하는 다른 기업가들과 경영직에 있는 사람들에게 어떤 방향성을 제시해 주고 싶으신가요?

A 저는 우리 모두가 자신이 현재 있는 그곳에서 가장 큰 보탬이 될 수 있으리라는 확신을 가지고 있어요. 우리에게 주어지는 일들은 항상 우리가 해결할 수 있는 일임이 분명하니까요. 단지 필요한 것은 용기와 열정이고, 채워지지 않는 허기예요. 그것이 우리 자신을, 그리고 우리가 이끌고 있는 직원과 동료들을 계속해서 발전시킬 수 있습니다.
그런 마음가짐으로 단 한 가지만 실행에 옮기면 됩니다. 매일 다음 발걸음을 옮기는 것 말입니다.

감정의 롤러코스터

"모든 위기는 배움을 얻을 수 있는 기회다." 너무 쉽게 하는 말이 아닌가 싶기도 할 것이다. 지금 마구 질주하는 롤러코스터에 앉아 있는 사람은 다음 커브 뒤에 무엇이 기다리고 있을지 알 턱이 없다. 마찬가지로 나도 어떻게 답해야 할지 모르겠는 질문을 팀원들이 거듭하거나, 나쁜 소식이 꼬리에 꼬리를 물고 줄줄이 이어지고, 감정은 매일같이 거칠게 요동칠 때에는 위기가 다시 없을 유일한 기회라는 말도 듣고 싶은 기분이 아닐 것이다.

위기와 실패는 우리의 마음 깊숙한 곳을 건드리고 동요하게 한다. 그러나 가슴에 손을 얹고 생각해 보자. 어두컴컴한 골짜기를 걷고 있는 것과 같은 상황에서 사람들은 무엇이든지 과장해서 생각하는 경향이 있다. 극적인 감정 상태가 되어서 내가 지금 얼마나 좋지 않은 상황에 처해 있는지 설명하기 위해 기꺼이 최상급 형용사를 남발한다. 주변 사람들이 모두 내가 이 세상 끝 절벽에 서 있다는 것을 알아줄 때까지 계속 반복한다. 그렇지만 좀 더 맑은 정신으로 상황을 관찰해 본다면 어느 위기든 결국 그렇게까지 심각하지는 않다. 그리고 자고 일어나면 어쨌든 새로운 날이 밝는 것이다. 누구든지 솔직하게 자신이 겪은 개인적인 삶의 위기들을 되돌아보면, 아마 그 당시에 그것은 의심의 여지없이 정말로 힘든 일이었을 것이다. 그러나 그 위기들은 어떤 식으로든 우리가 다음 단계로 나아갈 수 있게 도와주었다. 실패한 관계, 실패한 사업, 실패한 프로젝트—이러한 실패의 경험들이 없었다면 우리는 오늘날의 우리와는 다른 모습일 것이다.

방해만 되는 머릿속 극장

사람들은 후퇴하는 것을 두려워한다. 운동 경기에서든, 관계에 있어서든, 또는 직장과 관련된 일이든, 그것이 무엇이든지 실패할지도 모른다는 생각은 우리를 미칠 것 같은 상태로 몰아넣는다. 우리가 패배와 실패에 대해 가지는 감정은 두려움에 가깝다. 대부분의 사람들은 어떤 프로젝트를 시도했다가 실패하는 경험을 하느니, 차라리 아무것도 하지 않는 편을 택할 것이다. 생각 속에서는 이미 바닥까지 추락한 자신의 모습을 보고 있는 것이다. 함께 일하는 직원들, 가족들, 부모님, 스승과 이웃들을 크게 실망시킨 자신의 모습.

비참하게 실패한 자신의 모습. 머릿속에서 상영되는 이 영화 한 편은 우리가 위기에 맞닥뜨렸을 때 어떤 식으로든 대응하거나 적어도 최소한의 손실만을 입고 극복해 낼 수 있도록 두 눈을 제대로 뜨고 대비하는 일을 아예 불가능하게 만들어 버린다.

우리는 이것을 죽음에 대한 태도와 비교해 볼 수 있다. 진지하게 자리를 잡고 앉아 공식적으로 남겨 둘 자신의 유언장을 쓰려던 적이 있는 사람이라면 이해 가능할 것이다. 우리 모두는 기본적으로 삶이 유한하다는 것을 이미 알고 있다. 그러나 삶에서 가장 궁극적인 위기라고 해도 좋을 죽음에 직면하는 것은 감정적으로 극히 어려운 일이다. 가능하면 그 주제 자체를 멀리하며 자기와는 아무 상관없는 일처럼 여기고 싶어 한다. 상속법과 관련된 일을 주로 수임하는 변호사에게 묻는다면, 사람들이 자신도 언젠가는 사망할 것이라는 사실을 받아들이지 못하는 현실에 대한 사례를 아마 끝도 없이 나열할 수 있을 것이다.

때문에 나는 어떤 일이 생각한 대로 잘되지 않았을 때 느끼는 고통, 분노, 그리고 그로 인한 슬픔까지도 의식적으로 받아들이고, 그럼으로써 그런 감정들을 더 잘 처리하는 법을 학습하는 것이 매우 중요하다고 생각한다. 물론 이 과정은 극적으로 과장을 더한 것이 아니어야 할 것이다. 실패가 얼마나 고통스러운 것인지를 부인할수록, 그리고 그 감정들에 저항하려 할수록 우리는 자기 자신은 물론 함께 일하는 팀원들에게도 위기를 더 지독한 것으로 만들어 주는 셈이다.

지속적 발전으로 가는 길

위기를 맞이하게 될 것인가 그렇지 않은가는 실은 우리 스스로가 좌지우지할 수 있는 일은 아니다. 이것이 비록 쓰라린 깨달음이기는 하지만, 또 그렇기 때문에 어딘가 해방감을 가질 수 있는 여지도 있다. 오는 위기를 미리 막을 수는 없지만, 위기가 닥쳐왔을 때 그 상황을 어떻게 여길 것인가는 우리 스스로 결정할 수 있기 때문이다. 이 말은 곧 위기를 바라보는 시각, 즉 관점을 자유롭게 선택할 수 있다는 의미다. 마치 연애 관계와도 비슷하다. 관계의 당사자들은 그 관계를 행복한 것으로 가꾸어 나가기 위해 노력을 다하고 온 마음을 다할 수 있다. 그러나 그럼에도 불구하고 상대방이―어떤 이유에서든―떠나기로 결정하는 일이 있을 수도 있다. 우리가 얼마나 애를 썼는지와는 상관없이 말이다. 그 결정에 우리가 끼칠 수 있는 영향은 없다. 그렇지만 이별에 대처하는 자세는 우리 스스로 결정할 수 있다.

수년에 걸쳐 나는 과연 어떻게 하는 것이 실패를 겪은 후에도 팀원들과 함께 새로 용기를 내어 성장을 도모할 수 있는 최선의 방법일지 찾으려 노력해 왔다. 그 모든 다양한 경험들을 해 왔음에도 불구하고 지금의 나 역시 흠 없는 완벽한 경영자는 아니다. 나는 정기적으로 내 자신을 돌아보고 점검한다. 편안하게 푹 자고 다음 날 종일 휴식을 취하는 대신 밤 깊은 시각까지 깨어서 스스로와 이야기한다. 짐작컨대 다른 많은 경영인과 기업가들도 그런 밤들에 대해 잘 알고 있을 것이다. 물론 위기가 칼날처럼 날카롭고 또 때로는 고통스러운 경험을 안겨 준다는 사실은 어떻게 해도 변하지 않는다. 그럼에도 불구하고 우리가 함께 실패에 어떻게 대처할지 고민할 때마다 점점 더 안전해진다는 것 또한 부정할 수 없는 사실이다. 유일하게 잘못 또는 실수라 부를 수 있는 것이 있다면, 바로 위기 그 자체에 묶이는 것이다. 그 경험에서 교훈 얻기를 거부하고 오직 두려움 때문에 그 자리에 머물러 있게 된다면, 상황은 점점 더 악화될 수도 있다. 위기에서 무언가를 배울 것인지 그렇게 하지 않을 것인지는 우리의 결심에 달려 있지만, 그것은 결코 의무는 아니다. 오히려 삶이 우리에게 내미는 제안이라고 하는 것이 좋을 것이다. 이 제안을 수락할지 거부할지는 우리의 선택이다. 다만 그 선택의 결과는 스스로 감수해야 할 것이다.

당신은 인생에서 무엇을 경험하게 될지
스스로 선택할 수는 없다.
그러나 그것을 어떻게 바라볼지는 직접 결정할 수 있다.
_토니 로빈스

본질에 초점을 맞출 것

지난 수십 년 동안 배운 것이 하나 있다면, 그것이 어떤 것이든 위기에 직면했을 때 반드시 목적과 방향이 확실한 질문을 하려고 노력해야 한다는 점이다. 그런 상황에서 "왜 하필 나인가?" 라든가, "왜 항상 모든 일이 잘못되기만 하는 걸까?"와 같은 질문으로 꼬리표를 다는 일이 너무 많다. 많은 경우 이런 종류의 질문들을 함으로써 함께 위기에 처한 서로를 비난하고, 상황을 더 극적으로 몰아가는 악순환에 들어서게 된다. 그렇지만 사실 현재의 위기를 완전히 극복하려는 몸부림보다는 일단 자신이 처한 상황을 엄연한 현실로 받아들이는 것이 훨씬 더 합리적인 일이다. 위기에 더 잘 대처하고자 한다면 다음과 같이 스스로에게 묻는 일이 큰 도움이 될 것이다.

1년 후 이 실패를 반추한다고 가정해 보자. 지금 느끼는 것만큼 심각한 일인가? 양심에 손을 얹고 생각해 보자. 모기만 한 일을 부풀려 코끼리로 만드는 일이 얼마나 자주 있는가. 객관적으로 바라보면 사실 상황이 처음 느꼈던 것처럼 절망적이지는 않을 것이다. 이 질문을 통해 우리는 현재의 사건에서 다소 거리를 두고, 감정적으로 악화되는 것을 피함으로써 계속해서 생각을 할 수 있게 된다.

어떻게 하면 이 실패를 기회로 이용할 수 있을까? 왜 이런 상황에 처하게 되었는지, 누구에게 책임이 있는지에 묶여 있는 대신, 현재 위기 상황을 반전시켜 얻을 수 있는 기회를 포착하는 데 초점을 맞추는 것이다. 그럼으로 써 시각 자체를 긍정적으로 바꾸는 것은 물론이고, 거기에 더해 방해 없이 창의력을 발휘하고 함께 극복 방안을 강구할 수 있다.

위기에서 벗어나기 위해 우리가 지금 이 순간에 바로 여기에서 취할 수 있는 가장 의미 있는 다음 스텝은 무엇일까? 이 질문을 던짐으로써 불필요한 신세한탄을 멈추고 다시 실질적인 행동으로 돌입하게 되는 것이다. 사실 모두는 공동의 성공에 기여하기 위하여 자신이 무엇을 해야 하는지 잘 알고 있다.

그러나 무엇보다 중요한 것은 경영진의 일원으로서 함께 일하는 직원들의 분노, 슬픔 또는 좌절과 같은 자연스러운 감정에 충분한 이해심을 보여 주며, 그것이 과도하게 억눌리거나 단칼에 거부당하지 않도록 해야 한다는 것이다. 경험에 비추어 보아 이런 감정들은 그것이 언제가 됐든 반드시 한 번은 터져 나오기 때문이다. 그렇다고 해서 감정을 지나치게 극적으로 표현해도 좋다는 뜻은 아니다. 단지 내면적으로 이런 감정의 변화 과정이 있을 수 있음을 분명히 인식하고, 그것을 서로를 신뢰할 수 있는 환경에서 가능한 한 개방적으로 나누는 것이 좋다는 의미이다.

아무리 좋은 계획을 세웠더라도 예상과 다르게 전개될 수 있다. 우리는 모두 마음 깊은 곳에서 그 사실을 잘 알고 있으며, 삶은 이를 거의 매일같이 새롭게 조명한다. 스스로 모든 것을 통제할 수 없으며 절대적인 통제는 단지 환상에 지나지 않는다. 이를 아는 겸허함은 위기 상황에서도 좀 더 여유롭게 대처할 수 있도록 하는, 완전 히 새로운 자유의 장을 펼쳐 준다. 실패 또한 인생에서 제거할 수 없는 일부분이라 는 진실을 받아들이자. 그러고 나서 당신이 해야 할 일은 단 하나, 오직 그 사실과 함께 미래를 잘 꾸려 나가는 것이다.

당신이 지금까지 커리어를 쌓아 오며 겪었던 가장 큰 위기 다섯 가지를 꼽아 목록을 만들어 보자. 당시를 되돌아보았을 때, 그 상황들은 어떤 실익을 주었는가? 그 사건 들로 인해 어떤 종류의 중요한, 때로는 인생 전체를 변화시키기도 했던 결정을 내렸 는가? 당신과 팀원들이 그 경험을 통해 얻을 수 있었던 깨달음을 최소한 세 가지 메 모해 보자. 물론 개인적인 차원에서 겪은 위기에 대해서도 목록을 만들어 봐도 좋 다. 이것 또한 당신을 더 나은 인간으로 성장시킨 계기였을 것이고, 또 이를 통해 배 운 것을 충분히 일상 업무에 적용할 수 있기 때문이다.

사업상 지금껏 겪은 것과 비교할 수 없는 최악의 위기가 닥쳐왔다고 상상해 보자. 이 상상은 당신과 팀원들에게 어떤 생각을 유발하는가? 가장 큰 두려움은 무엇이 며, 이 두려움은 어디서 비롯되었을까? 만일 정말로 그런 일이 생긴다면 팀원들과 함께 준비할 수 있는 일은 무엇일까?

겸손

2

성찰

더 고요할수록

더 많은 것을 들을 수 있다.

—중국 격언

험난한 시간

2001년은 확실히 힘든 해였다. 나 개인적으로도, 라토플렉스도 그
랬다. 그보다 두 해 전에 우리 회사는 새롭고 혁신적이라고 생각했
지만 실은 완전히 잘못된 판단이었던 제품 라인을 신설했다. 우리는
유리 섬유, 탄소 섬유와 같은 전혀 친숙하지 않은 소재를 활용하기
위해 실험을 거듭했다. 이론적으로 실험에는 큰 문제가 없었다. 그
렇지만 그 기술을 적용한 제품은 실제로 사용되는 경우 충분히 버티
지 못했다. 엄청난 건수의 불만 사항이 접수되었고 우리 회사에 대
한 고객의 신뢰가 눈에 띄게 약해졌다. 판매 부진은 어찌 보면 당연
한 수순이자 논리적인 귀결이었다. 2년만에 매출이 20%나 추락했
다. 회사는 거의 침몰을 앞둔 조각배 수준으로 침체되었고, 이런 사
실은 경영진뿐 아니라 일반 직원들도 금세 알게 되었다. 이 문제를
가능한 한 빨리 수습해야 한다는 압박은 날로 심해졌다. 수많은 고

객들 사이에서도 늘 우리 회사의 팬이라 자청했던 사람들마저 등을 돌렸다. 상황을 반전시킬 수 있다고 믿는 사람은 많지 않았다.

몇 달 동안 내 감정은 흡사 롤러코스터와도 같이 천국과 지옥을 넘나들었다. 나는 필사적으로, 그리고 거의 강박적으로 모든 것을 다시 좋은 방향으로 돌려놓을 방법을 찾으려 했다. 나의 뇌는 쉬지 않고 궁극적인 해결책을 찾기 위해 바빴기 때문에 끊임없는 활동 상태에 있었다. 그러나 가능성이 보이는 해결책이 있는 것 같아도 단호하게 결심하기가 어려웠고, 점점 더 혼란스러워지는 와중에 스스로의 결정을 전혀 믿지 못하게 되었다. 대체 다음 발걸음을 어디로 디뎌야 할지 선명하게 볼 수 없었다.

그런 혼돈 속에서 완전히 길을 잃어버렸을 때, 마침 전화를 해 온 친한 친구가 본인이 최근에 참가했던 명상 워크숍에 대해 열광적인 후기를 들려주었다. "그럼 나도 한번 참가해 볼까?" 하는 즉흥적인 충동이 들었다.

지금에 와서 당시를 되돌아보면, 그때 왜 그러고 싶은 마음이 들었는지 논리적으로 설명할 수가 없다. 마치 내면의 목소리가 지금까지와는 전혀 다른 방법을 시도해 보라고 충동한 것 같았다. 어쨌든 별다르게 더 나빠질 수도 없는 상황이었다. 그래서 길게 고민하지 않고 한 수도원에서 열리는 묵언 수행과 명상을 다루는 닷새짜리 워크숍에 등록했다. 내 인생에서 처음 해 보는 종류의 일이었다. 당시에 명상이라는 주제에 관심이 있었기 때문에 종종 세미나를 찾아

볼까 하는 생각을 안 했던 것은 아니지만, 항상 반쪽짜리 관심이어서 실행으로 옮겨지지는 않았다. 그럴 듯한 계기가 없기 때문이었을까? 내 안의 냉소적인 비판자는 물론 투덜대기를 멈추지 않았다. "도대체 무슨 짓이야? 조용한 곳으로 내빼서 푹신한 방석을 깔고 앉아 5일 동안 말 한마디 않고 명상 나부랭이나 하겠다고? 정신 차려, 지금 여기서 뭔가를 해야지. 회사를 구해야 할 거 아니야!"

감정적 혼란을 뒤로 하고 결국 계획대로 등록한 워크숍에 참여하기 위해 운전대를 잡았다. 그리고 그것은 옳은 판단이었다.

감정에 압도당해
무기력해질 때

위기와 여러 가지 문제 및 걱정은 이성적인 생각을 할 수 있는 공간을 빼앗고 에너지를 소비하게 만든다. 밤에 잠들지 못하고 깨어서 머릿속으로 온갖 생각을 왕성하게 회전시킨다. "이제 어떻게 되는 거지? 내일은 무엇부터 처리해야 할까? 어떻게 하면 이 문제를 해결할 수 있지? 일이 계획한 대로 안 되면 무슨 일이 일어날까? 결국 또 실패하게 될까?"

문제가 되는 상황에 대해 더 깊이 파고들수록 해결의 실마리는 더 멀어지는 것만 같은 느낌이 들 것이다. 어떤 의미에서는 나도 그 문제의 일부가 되는 것이다. 몇 년 전 우리 회사에 다른 문제가 있었을 때, 나는 이런 말을 한 적이 있었다. "맹장을 꺼내려고 하는 외과 의사가 맹장 속에서 헤매고 있으면 안 되지!" 우리 회사 직원들은 이후로 이 말을 여기저기 인용해서 쓰곤 했다.

이후 수년에 걸친 시간 동안 나는 나 자신과 우리 직원들, 그리고 다른 기업의 사례를 통해 위기의 초기 단계에 처한 사람들의 특수한 사고 및 행동 방식을 크게 세 가지로 분류해 볼 수 있었다. 부인, 경직, 맹목적이고 과도한 행동주의가 그 세 가지다. 여기서 문제가 되는 것은 이 세 가지 모두가 위기를 실제보다 더 길고 고통스럽게 느끼도록 만드는 경향이 있다는 것이다.

눈이 먼 것처럼

우리는 위기가 눈앞에서 위협해 오거나 급격한 변화를 마주했을 때 눈을 감아 버리곤 한다. 지금까지 해 왔던 방식에서 크게 변화하는 것을 보고 싶지 않은 것이다. 상황이 더 나빠지는 쪽으로의 변화가 아니더라도 그렇다. 마치 부부나 연인 사이에서 상대방이 불쑥 이렇게 말할 때와 같은 기분일 것이다. "이렇게는 안 되겠어. 자기야, 우리 얘기 좀 해!" 그 자리를 황급히 회피하고 나서 얼마간의 시간이 지나면 당신은 스스로 이렇게 되뇔 것이다. "저 사람 이제 좀 안정을 찾았네? 그것 봐, 아무 문제가 없잖아. 짐 싸서 집에서 나간 것도 아니고. 역시 별것 아니었을 거야." 그럼에도 불구하고 무언가 불편한 느낌은 남아 있다. 상대방이 실제로 집을 나가려고 짐을 싸는 광경을 목격할 때까지는 이런 식으로 별문제가 없다고 믿는 게 가능할 것이다. 그렇지만 정작 그때가 되면 더 이상 상대방과 대화를 나누거나 그의 결심을 저지하기에는 너무 늦어 버린다. 이런 종류의 눈가림은 개인에게뿐 아니라 어디에나 존재한다. 회사뿐만 아니라 우리가 살아가는 사회에서도 허다한 예를 찾을 수 있을 것이다. 위기를 두려워하는 정서는 너무나 강해서 우리는 그것이 실제로 실현되는 순간을 최대한 오래 지연시키기 위해 최선을 다한다.

그중에서 두고두고 회자되는 사례로는 루마니아의 독재자 니콜라에 차우셰스쿠의 마지막 연설을 꼽을 수 있다. 유튜브에 아직도 그 연설이 영상으로 남아 있다. 동유럽 지역 전체가 혁명의 물결로 혼란스러운 시기였고, 민중은 여전히 낡은 공산주의 체제 아래 고통당하고 있었다. 독재자 차우셰스쿠는 이제 대세가 바뀌었으며 현재 체제가 붕괴될 순간이 머지않았다는 것을 일깨워 주려는 측근들의 노력에도 불구하고 그 어떤 말도 듣고 싶어 하지 않았다. 연합국은 차우셰스쿠에게 퇴진을 요구했다. 그러나 그는 그렇게 하는 대신 부쿠레슈티에서 집회 계획을 세우고 연설에 나섰다. 독재자에게 환호를 보내야 하기 때문에 전국 각지에서 수만 명의 사람들이 동원되어 수도로 향했다. 그 연설은 루마니아 국영 방송국을 통해 생중계하기로 되어 있었다.

연설을 시작한 지 불과 5분이 지났을 뿐인데 군중은 완전히 제어할 수 없는 지경이 되었다. 뒷줄에 서 있던 사람들부터 야유를 보내기 시작했고 루마니아 공산주의 정권에 대한 저항의 상징과도 같은 도시의 이름을 외쳤다. 차우셰스쿠는 상황을 통제하려고 해 보았다. 자기 자리에 가만히 서 있으라고 반복해서 외쳤다. 또 전 국민의 임금을 최대 20% 인상하겠다고 자발적으로 선언했다. 그러나 그 어떤 말도 군중을 진정시키지 못했다. 루마니아 국영 텔레비전이 생방송을 중단하기 직전까지 녹화된 마지막 영상은 자신에게 무슨 일이 일어나고 있는지 전혀 알지 못했던, 당황한 독재자의 모습을 여과 없이 보여 주었다. 그로부터 며칠 후에 차우셰스쿠 정권의 루마니아 통치는 허무하게 막을 내렸다.

유명하고 잘나가는 기업 역시 급진적인 변화를 선호하지 않는다는 사실 또한 뒷받침해 줄 수많은 사례가 있다. 몇 년 전 아그파 영업부의 전 책임자와 이야기를 나눌 기회가 있었다. 그는 손에 꼽히던 독일 유수의 기업이 디지털 혁명 시기를 거치며 결국 도태되고 마는 것을 직접 목격했다. 사진이라는 영역이 디지털화해 더 이상 아무도 필름을 사지 않을 것이라는 예측을 회사의 모두가 한결같이 외면한 것이다. 세계 영화 시장의 리더인 코닥도 물론 비슷한 운명에 처했었다. 불과 몇 년 사이에 코닥의 세계 시장 점유율은 60% 이상 하락했고, 파산으로 직행하는 듯했다. 그것이 이 업계 역사상 가장 쓰라린 아이러니였다. 코닥은 디지털 사진을 발명한 주체였고 연구소 자체적으로 최초의 다기능 디지털카메라를 제작한 기업이었으니까! 이들의 사례 또한 위기가 시작되는 시점에서 현실을 부인한 결과가 얼마나 광범위한 영향력을 갖게 되는지를 보여 준다.

라토플렉스에서도 물론 그렇게 부인하는 의견이 대세가 되었던 순간이 있었고, 물론 지금도 그럴 때가 있다. 회사 역사상 가장 성공적인 성과를 내던 시기가 막 지나갔을 때 일어난 일이다. 2016년에는 판매량이 다소 들쭉날쭉한 경향을 보였다. 우리는 매우 잘한 편이었으나 전체적으로 시장의 거품이 빠지는 분위기였고, 그런 이유로 몇 개월간 매출이 감소했던 것이다. 분명히 우리가 놓치고 있는 부분이 있다는 느낌이 들었지만, 아무도 그것을 인정하려 하지 않았다. 되돌아보면, 그해에는 시장에 근본적으로 어떤 변화가 있었으며 우리는 전반적인 비즈니스 모델을 재고해야만 하는 상황이었다. 간단히 요약하자면 그 내용은 다음과 같다. 이전의 매출 구조는 거의 전적으로 소매 판매점 매출에 기반을 두고 있었다. 그러나 디지털화 및 온라인 상거래의 급격한 성장은 지역 소매 업체에 점점 더 많은 매출 부담을 가하게 되었고, 이 기간 동안에 우리는 처음으로 이것을 피부로 느낄 수 있었다.

그 당시 우리는 위기의 시작 시점에서 보일 수 있는 전형적인 사고와 행동 패턴을 답습했다. 눈앞의 현실을 부인했던 것이다. "아니, 이것은 위기가 아닙니다. 말도 안 돼요! 어느 회사나 실적이 좋지 않은 시기도 있는 법이지요." 이런 말로 우리는 걱정을 둘둘 말아 치워 버렸다.

굳어 버린 몸

어느 시점에서 우리는 더 이상 위기를 피할 수 없으리라는 것을 깨달음에도 불구하고, 질끈 눈을 감아 버린다. 그렇지만 위기는 틀림없이 그 자리에 있으며 우리는 이 쓰디쓴 현실과 직면해야만 한다. 그런데 그렇게 하는 대신, 우리는 옛이야기에 나오는 뱀과 마주친 토끼처럼 그 앞에서 그대로 굳어 버린다. 눈앞의 위험에 대해 알고 있고 이대로 가만히 있으면 일이 완전히 잘못되리라는 것도 알고 있지만, 어쩐지 움직일 수가 없다. 이런 순간이 오면 직책이 직원이든 경영자든 아침에 잠자리에서 나오지 않고 가만히 누워만 있고 싶어진다. 성장하여 눈앞에 있는 도전에 응하기보다 꽁꽁 숨어 있기를 원하는 것이다. 순전히 회피하려는 욕구다.

이런 경직 뒤에는 다른 무엇보다도 두려움이 있다. 우리가 움직일 수 없는 유일한 이유는 위기가 가져올 변화를 두려워하기 때문이다. 이 두려움은 우리를 마비시키고, 우리의 뇌는 상황을 제대로 들여다보지 않는 것이, 지금 있는 자리에서 움직이지 않는 편이 더 좋다고 결정한다. 그리고 어떤 행동을 취하는 순간 더 나빠질 수 있다고 속삭인다. 그러면 위기는 아무런 해도 입히지 않고 우리를 지나쳐 갈 수도 있다. 아무도 모르는 일 아닌가? 단순히 희망 사항일 뿐이지만 말이다. 이러한 방식으로 작용하는 메커니즘은 뇌 과학 연구 영역에서 이미 잘 알려진 사실이다. 두려움 때문에 염려에 휩싸일 때마다 우리 뇌는 케케묵은 옛 패턴에 또다시 빠지게 되는 것이다. 상황을 피하려고 애를 써 보지만, 더 이상 다른 방법이 없을 때는 심지어 죽은 척을 한다. 뇌에서 죽은 척하라고 지시하는 이 상태가 바로 앞에서 말한 경직의 상태이다. 위협이 도사리고 있다는 것을 알지만 우리의 유일한 전략은 다음 세 가지다. "아무 것도 보지 말고, 아무 소리도 듣지 말고, 아무 말도 하지 않는 것."

실제로 이런 사례가 있었다. 중소 도시에 위치한 소매 판매 대리점은 일반적으로 소유주가 직접 관리하는 경우가 많으며, 대개 여러 세대에 걸쳐 가업으로 가족들이 함께 꾸려 간다. 앞에서 이미 디지털 상거래와 이로 인한 지각 변동에 대해 여러 번 언급했다. 수년 전부터 각종 업계에서 오랫동안 안정된 수익을 내던 가게들까지 휩쓸고 지나간 그 물결은 물론 수십 년 동안 지속적으로 성장해 온 이런 가족 중심 소매 판매점의 구조마저 위협하고 있다. 중소 도시 대리점들의 매출이 지난 몇 년간 내리 감소하는 추세에 있음은 부정할 수 없는 사실이다. 이 모든 사실은 누구나 알 수 있을 정도로 명백하다. 그럼에도 불구하고 아직 많은 상점들이 별다른 반응을 보이지 않고 있다. 늘 해 왔던 것과 똑같은 방식으로 계속해서 가게를 운영하고 있다. 마치 이 괘씸한 인터넷 소동이 그저 일시적인 유행에 불과한 것처럼, 그리고 언제가 됐든 머지않은 미래에 흔적 없이 사라져 버릴 것처럼 여긴다. 그때가 되면 고객들도 다시 돌아올 것이라는 계산이다. 이 모든 현실 부정은 심지어 자기 가게의 단골 고객들조차도 인터넷 쇼핑을 이용하는 빈도가 점점 더 늘고 있다는 사실을 외면하는 데에서 절정에 이른다.

기업의 일상적 업무에서도 이런 경향을 자주 찾아볼 수 있다. 회의가 열려 서로 의견을 적극적으로 교환해야 하지만, 현실은 모두를 걱정시키며 다소 논란의 여지가 있는 화제는 최선을 다해 피하게 되는 것이다. 그 대신 사람들은 접근하기 쉽고 부담이 없는 그 외의 잡다한 화제들에 관해 대화하는 데 몰두한다. 이런 행동은 영화를 볼 때 떨리고 긴장되는 장면에서 눈을 감아 버리는 아이들의 행동과 유사하다. 하지만 그런다고 해서 변하는 것은 아무것도 없으며, 그들도 실은 그 사실을 알고 있다.

제정신이 아닌 것처럼

세 가지 전형적인 사고방식과 행동 패턴 중 세 번째는 모두가 갑자기 바쁘게 움직이며 부산하게 행동하고 실행하는 단계다. 급히 잡힌 전략 회의에 들어가면 화이트보드에 다음과 같은 문구가 쓰여 있다. "무슨 일이라도 해야 합니다!" 그렇지만 그 '무슨 일'이 실제로 일어난다고 하더라도 이렇게 급조된 대책은 잠깐의 위안에 그칠 확률이 높다. 직원들 간에 이메일과 메모를 주고받는 횟수가 늘어나고, 회의를 더 자주 하고, 직원들을 압박하여 무슨 일이든 실행에 옮기기를 재촉한다. 아마 조용히 상황을 관찰하거나 깊이 숙고하고 있으면 무언가가 근본적으로 잘못되고 있다는 느낌이 더욱 선명해지기 때문인 듯하다.

현재 상황에서 가장 적절한 해결책이 무엇인지, 어떤 행동을 실행에 옮기는 것이 가장 합리적인지 차분히 검토하는 대신 무작정 행동에 뛰어든다. 그럴 때 우리를 행동하게 하는 것은 두려움이다. 그게 아니면 아무것도 하지 않았다는 비난을 면하려는 마음이지, 당면한 위기를 침착하고 영리하게 극복하려는 진정성 있는 노력은 아니다. 이러한 맹목적인 행동주의는 우리 생활의 사적인 영역에서도 드물지 않게 모습을 나타낸다. 부부나 연인 사이에 문제가 있을 때 차분히 앉아서 파트너와 대화로 해결하는 대신, 영화표를 예매하거나 휴가 계획을 세운다. 오로지 조용히 숙고해 보는 것만 제외하고는 꼬리에 꼬리를 물고 할 일을 만들어 낸다. 그러지 않으면 지금 실제로 문제가 되는 것을 느껴야 하기 때문이다. 일련의 행동들을 실행에 옮기며 이렇게 말함으로써 모든 것이 괜찮다고 믿고 싶은 것일지도 모른다. "봤지? 나는 내가 할 수 있는 모든 걸 다했어!"

무언가를 조금 내려놓으면 조금 더 행복해집니다.
무언가를 많이 내려놓으면 훨씬 더 행복합니다.
그것을 완전히 떠나보내면 당신은 자유로워집니다.
__아잔 차(태국의 승려)

외부의 시각

나는 항상 내 자신은 물론 내가 이끄는 팀의 감각을 무뎌지지 않게 연마하려고 노력했다. 생각과 행동에 방해가 되는 패턴은 우리가 얼마나 노력하느냐에 따라 충분히 깨트릴 수 있기 때문이다. 앞서 말했듯이 위기가 오지 않게 만들 수는 없다. 우리는 오직 그 위기에 반응하는 우리의 태도에만 영향력을 미칠 수 있다. 무엇보다 중요한 것은 늘 조심하고 깨어서 경계하는 것이다. 현재 상황을 분명하게 의식한 상태에서 규칙적으로 자기 성찰을 함으로써 문제와 약간의 거리를 두고 외부의 관점에서 바라보는 것이 좋다.

눈을 가린 손은 치워라

가까운 친구가 연애 문제로 슬퍼하면서 당신의 집에 찾아와 소파에 앉아 있는 상황을 상상해 보자. 당신에게는 상황을 객관적으로 바라보고 친구가 지금 당장 해야 할 일에 대해 조언하는 것이 매우 쉬운 일이다. 그리고 속으로는 친구가 지금까지 그걸 스스로 깨닫지 못했다는 것이 의아해진다. 너무나도 당연한 것 아닌가! 그렇지 않나?

나는 이제부터 당신이 이미 알고 있을지도 모르는 무언가에 대해 말하려고 한다. 친구 역시, 당신이 연애 문제나 아니면 그 밖의 다른 고민거리를 상담해 온다면 똑같은 생각을 할 것이다. 다른 사람의 일이라면 대개 우리는 상황을 분석하고 상대방의 입장이 되어 보고 현명한 조언을 건네는 데 큰 어려움이 없다. 그렇지만 그것이 자기의 어려움이라면 곧 눈먼 상태가 되어 버리고 만다. 이것은 사생활의 영역을 넘어 한 기업의 경영이라는 맥락에서도 마찬가지다.

위기가 지속되는 한 우리는 부끄러워 눈을 가리고 있는 것과 다름이 없다. 더 심하게는 안대를 쓴 것과 같다는 비유도 할 수 있을 것이다. 제대로 보지 않으려는 심산이다. 마주한 문제가 크면 클수록, 고개를 어느 쪽으로 돌려도 시야를 가득 채운다. 해결책은 오직 관점을 완전히 전환했을 때에만 볼 수 있는데, 대개 그 안에서 상황을 겪고 있는 사람은 정작 그렇게 할 수 없는 처지일 때가 많다. 심지어 누가 보더라도 아주 명백한 것조차 볼 수 없는 경우가 대부분이다. 게다가 감정적이고 불안하고 당황스러울수록 시야는 더욱더 좁아지고, 시야가 좁아질수록 상황을 제대로 볼 확률은 더욱더 낮아진다. 그래서는 돌파구를 찾을 수 없는 것이다.

따라서 우리는 이러한 사고방식 및 행동 양식을 의식적으로 무너뜨려야 한다. 어떻게 가능할까? 바로 성찰이 답이다! 시간을 조금 갖고 문제에서 멀어짐으로써 다른 관점에서 새롭게 생각할 수 있다.

변화를 두려워 말라

나는 개인적으로도 내적인 경직과 외적인 경직을 포함한 많은 변화들을 겪어 왔으며, 경영하고 있는 회사 내에서도 비슷한 상황을 계속해서 관찰할 기회가 있었다. 경영자로서 나는 특정한 한 사람, 또는 팀 전체가 경직의 단계로 들어가는 것을 알아보고 세심하게 주의를 기울여 대처하는 법을 배웠다. 그러나 늘 명확하게 알아보기는 쉽지 않다. 이 경우에는 내 느낌을 전적으로 신뢰하는 편이다.

경험에 의하면, 이러한 경직을 해소하기 위해서는 근본적인 곳에 도사린 두려움을 정확히 인식하고 그 존재를 인정하는 것이 가장 선결되어야 할 문제이다. 특히 관리직에게는 이 단계에서 직원들과 직접적이고 공개적으로 이야기를 나눌 수 있는지가 매우 중요하다. 때로는 이런 방식 중 개인 면담으로 진행되는 직원 평가 또는 전체 그룹 회의를 통해 해소하는 것이 가능할 때도 있다.

예를 들어, 회의에 참석한 한 직원이 어떻게 해도 긴장을 풀지 못하고 숨도 제대로 못 쉬면서 꼭 짚고 넘어가야 할 항목을 완전히 잊어버린 것 같은 상황이 있다고 생각해 보자. 두려움 때문에 다방면으로 고려해야 할 문제를 건너뛰고 싶어 하고 있다. 이런 태도를 가진 직원을 발견하면 나는 부드럽게 말을 건다. 그렇게 해서 직원들의 감정이나 두려움, 염려에 일정한 공간을 마련해 주려는 것이다. 경험상 경직에서 일단 빠져나오기 시작하면 말문도 함께 열린다. 이 과정에서 결정적인 것은 물론 서로 열린 마음으로 대하며, 상대방이 내 이야기를 듣고 있으며 존중하고 있다고 느끼는 경험이다.

정말 멋진 일은 이것이다. 경직이 점점 더 풀릴수록 우리 모두는 눈과 귀와 사고를 다시 열며, 가능한 해결책을 찾기 위해 움직이기 시작한다. 문제 자체가 우리를 경직되게 하지만 않는다면 훨씬 더 창의적인 방안을 내놓을 수 있다는 것이다.

그렇다, 사람들이 두려움을 느끼는 것은 당연하다. 또 우리 스스로도 두려움을 느끼는 때가 있다고 고백하는 것은 매우 솔직한 태도다. 그리고 의문의 여지없이, 현재와 미래의 시장 환경에서 나타나는 커다란 격변은 무서워할 만한 일이다. 우리는 그 두려움을 미화해서도, 무작정 억눌러서도 안 된다. 하지만 우리는 경직에서 풀려나 다시 적절한 행동을 할 수 있는 기회를 포착해야 한다.

행동 전에 성찰하라

경영진의 위치에서 제3의 사고와 행동 패턴을 통해 자신과 다른 사람들 모두를 꿰뚫어 보는 일은 정말로 어렵다. 우리는 모두 매일 다람쥐가 쳇바퀴를 돌 듯 바쁘고 피상적인 일상을 살아가고 있기 때문이다.

내가 겪었던 크고 작은 위기를 되돌아보면, 실제로 잠시 멈추고 숨을 고르는 것이 가장 좋았을 것이라는 생각이 든다. 숙고하지 않은 즉각적인 반응은 거의 항상 원했던 결과로 이어지지 않는다. 손을 놓은 채로 아무것도 하지 말아야 한다는 이야기가 아니다. 물론 언젠가는 행동에 나서야 한다. 그러나 이 시점에서는 스스로 생각을 정리하고 문제를 가장 효과적으로 해결하기 위한 다음 단계는 무엇인지 맑은 머리로 정의하는 것이 중요하다.

조용한 가운데 생각을 정리하기 위해서 뒤돌아서거나 직면한 문제를 완전히 놓아 버리는 것은 경영진으로서는 가장 어려운 과제 중 하나이다. 왜냐하면 그렇게 하기 위해서는 매우 높은 수준의 상호 신뢰가 필요하기 때문이다. 가슴에 손을 얹고 생각해 보자. 기업의 경영진으로서 우리는 종종 119 구조대원의 역할을 연기하고 있다는 느낌을 받으며, 발생한 문제가 무엇이든 터지자마자 해결해야만 한다고 생각한다. 회사 경영에 있어서 스스로가 없어서는 안 될 사람이라 여기며, 내가 없이는 세상이 무너질 것 같은 느낌을 받는 것이다. 이것이 분명한 환상이라는 사실을 우리는 병가를 쓰고, 결근을 할 때가 되어서야 알아차린다. 반면 팀원들은 우리가 부재중일 때 실은 정확히 그 반대임을 증명해 낸다.

이것과 관련하여, 최근 아들과 함께 네팔로 3주간의 트래킹 투어를 갔을 때 새롭게 눈을 뜨는 경험을 했다. 우리가 네팔에 있는 대부분의 시간 동안 전화나 이메일을 이용할 수 없다는 것이 확실했다. 그러나 당시 우리 회사는 오랫동안 진행시켜 온 중요한 프로젝트의 마지막 단계에 있었다. 즉, 그 프로젝트를 성공시키기 위해서 매일같이 중대한 결정들을 내려야 하는 상황이었던 것이다. 이전의 많은 경험들로 얻은 우리 팀원들에 대한 신뢰에도 불구하고, 나는 크게 긴장한 채로 비행기 안에 앉아 있었다. 솔직히 머릿속에 대재앙의 서사시가 펼쳐지는 것을 막을 수가 없었다. "잘돼야 할 텐데! 정말 잊어버린 것 없이 모든 걸 생각했겠지? 다 준비해 놓고 온 거겠지? 뭔가를 잊어버린 거면 어떻게 하지? 잘 안 되면 어떡하지? 애초에 여행을 가는 게 잘못된 결정이었던 걸까? 젠장, 이제 너무 늦어버렸어." 며칠이 지나서야 내 안에서 끊임없이 공황을 일으키던 목소리가 잠잠해지고 나는 그제야 천천히, 그러나 한결 안전하게 마음을 놓을 수 있었다.

이 경험으로부터 내가 독자들에게 전해 줄 수 있는 것은 다음과 같다. 그동안 우리 팀원들은 독일 내의 모든 업무를 훌륭하게 관리해 왔으므로, 내가 한 모든 걱정은 물론 전혀 근거 없는 것이었다.

개인적으로는 팀원들이 내가 부재한다고 당황하거나 공황 상태에 빠지지 않고 평소처럼 일할 수 있기 때문에, 중요한 결정을 앞두고 있거나 앞으로의 전략을 세워야 해서 필요한 경우 따로 휴가를 내 생각에 전념할 시간을 가질 수 있다는 사실을 알게 되어 마음의 부담을 크게 덜었던 경험이었다.

우리는 종종 겉으로 보이는 현상에 시선을 빼앗겨 상황을 제대로 바라보지 못하고, 감정에 압도되어 잘못된 생각을 행동에 옮기고 싶은 충동을 느끼기도 한다. 지극히 인간적인 일이다. 그렇다고 해도, 잠시 한숨을 돌리고 상황을 더 자세히 분석해 보는 것이 좋다. 어머니는 항상 "하룻밤 정도는 숙고해 보고 나서 결정하거라."라고 말씀하시고는 했다. 그리고 이것이 아주 지혜로운 말이었다는 사실을 이제 나도 알게 되었다. 그러므로 실패나 위기 상황의 아주 사소한 징후 앞에서, 또는 끓어오르는 감정 앞에서는 꼭 명심해야 한다. 행동하기 전에 성찰이 필요하다는 것을 말이다. 그리고 가끔은 그 일에 대해 다른 사람들과의 의사소통을 완전히 포기하는 것이 도움이 될 때도 있다. 2001년, 묵언 세미나에 참가하려고 뷔르츠부르크로 여행을 떠났던 내 경우와도 같이.

고요 속에 오신 것을
환영합니다

나는 기차 안에 약간 긴장한 상태로 앉아 있었다. 이 세미나에서 무엇을 배우기를 기대하고 가는가? 무엇을 하게 될지 전혀 상상도 할수 없었다. 그 사람들은 묵언 수행에 대해 진지한 관심을 갖고 있을까? 내가 해낼 수 있을까? 내 머리에 천 개의 생각이 꼬리에 꼬리를 물고 떠올랐다.

명상 센터에 도착해서 가장 단순한 구조의 방을 배정받았다. 저녁에는 다른 참가자들을 만났다. 클래식한 젠도Zendo—일본 특유의 참선 공간을 이렇게 부른다—에 스무 명의 사람들이 모였다. 바닥에 그려진 원 안에는 검정색 명상 방석이 놓여 있었다. 그것 외에 방은 텅 비어 있었다. 화이트보드도, 빔 프로젝터도, 노트북도 없었다. 아무것도, 전혀 없었다. 세미나 진행자는 각 참가자들에게 어떤 동기로 그곳에 오게 되었는지 설명해 달라고 요청했다. 그렇게 해서 자기소개 시간에는 인간이 겪을 수 있는 온갖 갈등과 재앙이 소환되었다. 이혼, 회사 문제, 가족 간의 분쟁, 삶의 의미 상실로 인한 인생의 위기까지. 그러고 나서 일단은 말을 멈추어 보기로 했다.

우리는 공이 울릴 때까지 방석에 조용히 앉아 있었다. 그런 다음 원 안에서 걸으며 명상을 했다. 20분마다 변경이 이루어졌다. 앉았다가 걷고, 앉았다가 걷고. 이 리듬이 깨지는 것은 오직 간단한 식사를 할 때뿐이었으며, 물론 식사 시간에도 침묵은 유지되었다. 그게 전부였다. 문제에 대해서 더 이상 아무런 이야기도 나누지 않았다. 긍정적인 점과 부정적인 점을 분석하지도 않았다. 처음에 짧게 요약해서 표현했던 문제는 여전히 우리에게 남아 있었다. 그렇지만 우리에게 주어진 유일한 임무는 침묵을 지키는 채로 앉아 있고, 걷고, 먹는 것이었다.

솔직히, 처음 이틀 동안은 이보다 더한 지옥이 있을까 싶었다. 내 머리는 생각으로 들끓어 폭발할 지경이었다. 겉으로는 침묵하고 있었지만 내 안에는 생각이 가득했다. 속으로 하는 혼잣말, 의심, 두려움과 걱정, 이 모든 것이 동시에 밀려왔다. 참기 힘들었다. 당장 도망가고만 싶었다! 그러나 나는 계속했다. 그리고 시간이 지남에 따라 무거웠던 머리가 가벼워지고, 스트레스가 사라지고, 평온함을 느꼈다. 명상 쿠션에 더 오래 앉아 있을 수 있었다. 그런 단계에 들어서자 침묵하는 가운데 하는 명상은 편안한 휴식이자 평온함을 증가시키는 즐거운 샤워와 같았다. 지난 몇 달 동안의 압박이 나에게서 멀어지자, 마침내 다시 제대로 숨통이 트이는 것 같았다.

닷새 후 진행된 마지막 부분이 특히 흥미로웠다. 마침내 우리는 다시 말을 할 수 있게 되었다! 참가자들은 세미나가 시작하던 시점과 현재의 느낌이 어떻게 달라졌는지, 그에 따라 자신의 생각이 어떻게 바뀌었는지를 설명해야 했다. 예외 없이 모든 참가자가 이제 자기가 가진 문제에 대해 훨씬 덜 긴장된다고 말했다. 많은 사람들이 새로운 아이디어를 내놓았고, 문제를 해결할 수 있을 것이라는 자신감이 모두에게 생겼다. 우리들 대부분은 이렇게 재발견된 힘을 원동력 삼아 일상생활로 돌아가서 다시 용감하게 일에 뛰어들기를 열망했다.

내가 느낀 것도 정확히 같았다. 세미나 마지막 날, 내 몸은 전혀 예상치 못한 가벼움과 휴식의 힘으로 가득 차 있었다. 나의 내면에 사는 날카로운 비판자는 이렇게 끝없이 스트레스가 몰려왔던 달에 처음으로 침묵을 지켰다. 머릿속을 복잡하게 만들던 생각들이 사라졌다. 마치 누군가가 스위치를 돌려 꺼 버린 것 같았다. 나는 그 어느 때보다 침착하고 명확하게 생각했고, 용기를 느꼈다. 정말 놀라운 일이 아닐 수 없었다. 어떻게 이럴 수가 있을까? 무無에서—침묵하는 것 외에는 아무것도 하지 않았으니까—새롭고 긍정적인 기분이 만들어졌다. 이제 닥쳐온 문제를 제대로 통제할 수 있을 것이라는 확신이 들었다.

침묵을 지니고 시간과 공간을 충분히 들여

자신의 꿈과 목표를 향해 성장하십시오.

__동양의 옛 지혜

힘과 선명도

앞에서 설명한 것과 같은 완전히 새로운 경험을 통해 특별히 위기 상황에 처했을 때 내가 해야 할 일과 일의 방향을 결정하는 통찰력을 얻을 수 있었다. 침묵은 문제 상황에서 거리를 둘 수 있도록 해주고, 사태를 더욱 선명하게 볼 수 있게 한다. 또 행동에 필요한 힘을 준다.

돌아온 뒤에 나는 이 중대한 경험에 대해 오랫동안 생각했고, 깨달은 것을 팀원들과 함께 나누었다. 위기는 우리의 머릿속에 혼란을 일으킨다. 위기를 미리 계획하는 사람은 없다. 제어할 수 없는 상황이 닥쳐 우리를 놀라게 하는 것이 바로 위기다. 이 시점에서 대부분의 사람들이 하는 실수는 심사숙고하여 행동하는 대신 생각 없이 반응하기 때문에 발생한다. 감정적으로 충격을 받았기 때문에 뭐라도 행동해야 한다는 생각이 들 것이다. 그것이 무엇이든 말이다. 어쨌든 당장 뭐라도 하는 것이 중요하다고 생각한다면 그것은 맹목적인 행동주의일 뿐이다. 그러나 그러한 충동에 휩쓸려 급하게 행동하며 자신을 잃어버리는 대신에, 우리는 고요한 가운데 내면의 생각을 듣고, 그것을 모아 새롭게 정리해야 한다. 이것이 바로 성공적인 위기관리의 열쇠다.

이 같은 과정을 중요하게 여기는 매우 성공적인 기업의 리더 또는 경영자의 사례가 많이 있다.

예컨대 보도 얀센은 빠져나올 수 없을 것 같은 깊은 위기의 시기에 한 수도원을 찾아 스스로와 회사에 대해 다시 생각해 보는 길을 택했다. 그는 자신이 얻은 깨달음을 다음과 같이 설명했다. "위기는 부주의의 결과라고 생각합니다. 그리고 주의를 기울이는 것의 필수 요건으로는 침묵과 귀 기울여 듣는 것이 있지요. 이전의 내가 전혀 할 줄 몰랐던 것들입니다. 도망치듯 수도원으로 들어갔을 때, 나는 성 베네딕트의 규칙을 배웠습니다. 베네딕트 수도회에서 하는 노동의 궁극적인 목적은, 성공적인 관계들로 이루어진 평화로운 공동체를 이루는 것입니다. 여기서 다른 사람들과의 성공적인 관계를 위한 전제 조건은 무엇보다도 자기 스스로와의 성공적인 관계입니다. 내가 스스로와의 관계를 새로이 정립하려 했을 때, 나는 나 자신을 더 잘 알아야만 했어요. 세심한 주의를 기울여 내가 생각하는 '나'와 진짜 그대로의 내 자신 사이의 연결 고리를 구축할 필요가 있었습니다." 위기와 위기관리에 대한 그의 생각은 이 책의 5장에서 더 자세히 읽을 수 있다.

베르크초이크 베버Werkzeug Weber의 소유주이자 대표 이사인 바네사 베버는 묵언 세미나에 참여했던 개인적인 경험에 대해 이야기한 적이 있었다. 내 경험과 매우 흡사했다. "내 생각의 호수는 그곳에서 비로소 고요한 평화를 되찾았어요. 이전에는 항상 누군가가 끊임없이 호수에 돌을 던지고 있다는 느낌이 들었습니다. 계속해서 물결이 일고 그 물결은 거친 파도가 되어 마음을 어지럽혔어요. 3일 후에, 정말이지 와아, 그 누구도, 아무것도 나를 괴롭히거나 마음을 아프게 하는 것은 없다는 생각이 들었어요. 나 자신조차도요. 생각의 호수에 돌을 던지는 가장 큰 주범은 사실 자기 자신이에요. 이전에 나는 무척이나 성격이 급한 사람이었고, 모든 것을 즉시 해결해야 하는 사람이었어요. 하지만 이제는 더 이상 그렇지 않습니다. 기본적으로 내 신경을 거스르는 일들에 대해서 흥분하는 일이 훨씬 줄어들었어요." 이 성공적인 여성 기업가는 이 책의 6장에서 결정에 관한 이야기를 들려주러 다시 찾아올 것이다.

미국 유기농 슈퍼마켓 체인 홀푸드Whole foods의 창업자인 존 매키는 인터뷰에서 일 년에 한 번, 한 달 동안 완전히 오프라인으로 살며 하이킹을 한다고 말했다. 이 기간 동안 그는 회사의 발전을 위한 최고의 아이디어들을 고안해 냈다. 그리고 우리 모두는 일상생활 속에서 일어나곤 하는 이러한 현상에 대해 잘 알고 있다고 생각한다. 어떤 문제의 해결책을 찾으려고 끈질기게, 그리고 온 힘을 다해 물색

할수록 오히려 생각의 흐름은 막히고 우리는 점점 더 완고하게 경직된다. 머릿속의 생각은 한 발짝도 진전되지 않고, 모든 것이 잡음을 내며 뒤섞여 더 이상 아무것도 구별할 수 없는 지경에 이른다. 스트레스 없는 환경으로의 변화는 개인에게 엄청난 영감을 주며, 휴식은 새로운 상상력과 우리 내면의 문제 해결 능력, 그리고 그것이 다시 펼쳐질 공간을 제공한다. 그리고 아이디어들이 다시 끓어오르기 시작한다.

이 책을 읽는 독자 여러분도 한번 시도해 보기를 권하고 싶다. 이 경험을 모든 사람에게 추천하면서 덧붙이고 싶은 말은, 꼭 수도원에 들어가야 한다거나 5일씩이나 할 필요는 없다는 것이다. 하루 동안의 칩거로도 충분하다. 그보다 중요한 것은, 방해받지 않는 장소에 홀로 머물면서 새롭고 선명한 시각과 집중력을 얻는 것을 목표로 자신의 감정과 생각을 정리할 수 있는 또 다른 기회를 열어젖히는 것이다.

침묵과 고요의 가치: 영성과 주의력

파울 코테스Paul Kohtes는 30년 이상 젠 명상 모임을 조직해 왔다. 특히 경영 관리직과 기업가에게 필요한 리더십을 위한 젠 명상/침묵 세미나를 통해 나에게 앞에서 서술한 것과 같은 경험을 가능하게 해 주었다. 그는 젠 문화와 명상에 관한 여러 베스트셀러의 저자이며, 각지의 기업을 방문하여 경영진 회의에서 이러한 주제에 대해 강연한다.

몇 년 전, 나는 그가 개최하는 젠 세미나 중 하나에 참석하여 파울을 알게 되었다. 그는 땅에 두 발을 굳건히 붙이고 살아가는 현실적인 사람이면서 동시에 영적인 것도 추구하는 사람이었다. 특히, 경제 논리로 돌아가는 비즈니스의 세계와 젠의 세계 사이에 다리를 놓을 수 있는 그의 능력에 나는 깊은 감명을 받았다. 기업 경영진에게 눈가림 없이, 완전히 열린 마음으로 전혀 새로운 방식의 고요함을 체험할 기회를 제공한다는 것이 바로 그의 세미나가 매우 특별하게 느껴지는 이유다.

Q   대부분의 사람들은 영적인 부분과 경제의 세계는 함께 묶을 수 없는 것으로 여깁니다. 대체 그 둘의 어떤 부분이 잘 맞는다고 생각하십니까?

A   저도 처음에는 솔직히 그 점이 겁났었지만, 놀랍게도 현실은 전혀 그렇지 않았습니다. 기업의 경영 관리자들이 회사의 이윤과 분기별 보고서 외에 다른 것을 염두에 두지 않는다는 것은 전형적인 고정관념입니다. 그러나 나는 워크숍을 개최해 오면서 그동안 다수의 고위 경영직 임원들을 알게 되었습니다. 그리고 적어도 제가 알게 된 사람들 중 분명 자기가 알고 있는 세계 '이상의 것'이 있음을 의심하지 않는 사람은 없었습니다. 그리고 언젠가는, 특히 나이가 드는 과정에서, 영적인 것에 대한 호기심은 거의 필연적으로 발생합니다.
결국 저 또한 기업가인데, 제 경우에는 어느 시점에서 어려운 문제들로부터 달아나는 출구로서가 아니라, 삶의 길을 함께 걸어가는 동행으로서 영적인 것과 명상에 몰두하기 시작했습니다. 그것이 예전이나 지금이나 제 모토입니다. 저는 사업과 영적인 것을 결합하려고 노력하고 있어요.

Q   당시 진행하셨던 워크숍에 참여했을 때, 당신이 참가자들에게 답을 주는 것이 전혀 아니라는 점에 저는 오히려 깊은 감명을 받았습니다. 대부분의 시간 동안 우리는 앉아서 조용히 명상하는 것이 전부

였지요. 침묵, 자기 내면의 말을 듣는 것. 도대체 그렇게 해야 하는 이유는 무엇입니까?

A 한번 머릿속에 그림을 그려 보죠. 수건을 세탁기에 던져 넣고 깨끗하게 다시 세탁하는 과정은 수건에게는 딱히 유쾌한 경험은 아닐 겁니다. 빨래하는 과정에서 빙빙 돌아가고 뒤틀리고 심지어 결국 탈탈 털리기까지 하니까요. 앉아서 침묵하는 과정도 그와 마찬가지입니다. 일상적인 사례이니 더 많은 설명은 필요 없겠지요. 대부분 완전히 다른 관점에서 사물을 보려면 전면적인 방향 전환이 필요합니다. 우리들은 제각기 일상생활의 번잡함 속에서 제자리를 찾지 못하고 있는, 건드리지도 못하고 설명할 수도 없는 많은 일들을 간직하고 있습니다. 생각에서 떨쳐 보려고 하고 아무리 억눌러도 그 문제들은 어떻게든 드러나게 되어 있지요. 명상의 시간 중에는 그러한 모든 것들이 묶여 있던 상태에서 풀려납니다. 기억의 악령처럼, 침묵 가운데 스며 나오는 것입니다. 그리고 많은 경우 이것은 우리를 뒤흔들어 놓습니다. 다른 무엇보다도 육체적 통증이나 긴장으로 표현되지요. 다수의 세미나 참가자들은 이때 울음을 터뜨립니다. 오랫동안 억눌려 있던 감정이 모두 터져 나오기 때문입니다.

Q 주의를 기울이며 명상함으로써 위기가 우리 삶에 끼치는 영향을 완화시키거나 또는 초기 단계에서 위기를 인식하게 할 수 있을까요?

A   그래요, 물론입니다! 당연한 얘기이지만, 직업적으로 심각한 위기에 맞닥뜨렸을 때, 나는 그 사건의 당사자이므로 상황과 전혀 거리를 둘 수 없습니다. 그러나 만일 조금 더 거리를 둘 수 있다면, 우선 전체적으로 큰 그림을 볼 수 있기 때문에 문제에 대한 해결책을 찾기가 더 쉬울 것입니다. 또 아마도 나에게 일어난 일이 어디에 좋은 일인지 알 수 있을 것입니다. 이것은 원래 가지고 있었던 관점이 완벽하게 전환된다는 의미입니다. "이거 정말 똥 같은 일이네!"라고 할 수도 있겠지만, 다들 아시다시피 똥은 비료로 아주 유용하게 쓰이지 않나요.

Q   그러니까 당신의 접근 방식은, "이런 일이 도대체 왜 일어난 거야?"라고 끊임없이 불평하는 대신에, 일어난 일로부터 약간의 거리를 유지한 채 스스로에게 "이 일의 좋은 점은 무엇일까?"라고 묻는 것이네요.

A   그렇습니다. 모든 사람이 이미 직업적으로나 개인적으로 이런 경험을 해 본 적이 있다고 생각합니다. 당신이 위기에 처한 바로 그 순간에는 그 일로부터 많은 것을 얻을 수는 없습니다. 그렇지만 몇 년, 때로는 몇 개월 후에 다시 돌아본다면 이렇게 말할 수 있을 것에요. "나에게 일어난 일은 결국에는 좋은 일이었다. 일을 돌파하는 데 매우 중요한 강력한 추진력을 주었기 때문이다." 기업의 위기 상황

도 이와 동일합니다. 저 자신도 감당할 수 없는 파산을 겪은 적이 있습니다. 그 순간에는 필요한 거리를 얻기가 어렵습니다. 그러나 언젠가 의미가 갑자기 튀어나오듯 발견된다는 사실을 명심하세요.

Q 말씀하신 것과 관련해서 제가 문제로 느끼는 것은 일상생활에서 어떻게 적용하느냐 하는 것입니다. 손쉬운 적용을 위해서는 많은 원칙들이 필요할 것 같은데요. 일상생활에서 주의력과 명상 습관을 더 잘 유지하는 방법에 대해 조언해 주실 만한 것이 있습니까?

A 저는 방금 하신 질문은 잘못된 접근법을 취하고 있다고 생각합니다. 제가 만일 "매일 앉아서 명상을 해야만 한다."고 말한다면, 이 결심은 처음부터 실패가 예정된 것이나 다름이 없습니다. 방금 '원칙'이라고 말씀하셨지요? 누구에게라도 그 말이 유쾌하게 느껴지지는 않을 겁니다. 원칙이라든지 훈련은 편안한 시도가 아니라 번거로운 의무입니다. 명상이 확실히 가져오는 긍정적인 점들이 있습니다. 제 개인적인 견해나 경험일 뿐만 아니라 뇌 스캔에 이르기까지 모든 영역의 연구와 보고서, 그리고 과학적 증거들로 뒷받침되고 있어요. 주의를 조금 기울임으로써 생기는 긍정적 변화가 저절로 불러일으키는 동기는, 원칙으로 강요된 추진력보다 열 배는 더 강력합니다.

의식적 휴식

옛 선인들의 영혼을 담은 지혜의 말 중에 이런 것이 있다. "바쁠수록 천천히 가라!" 사람들은 걸핏하면 내게 자신은 명상이나 차분한 성찰 따위를 할 시간이 도무지 없다고 말한다. 그럴 때, 내가 해 줄 수 있는 말은 한 가지뿐이다. 바로 멈출 여유가 없다고 느끼는 순간이 사실은 가장 멈추어서 휴식해야 할 때라는 말이다. 모순처럼 들릴 테지만, 라토플렉스의 수장으로 있던 지난 25년이 넘는 시간 동안 직접 경험한 진실이다. "오늘날 우리들의 삶을 평가하는 기준은 활동성에 크게 좌우되어 수동적인 부분, 그러니까 당장에 쓸모없어 보이는 아무것도 하지 않는 상태의 역할을 거의 인정하지 않는다. 근래 들어 이 불균형은 모든 곳에 산재한다."고 파울 코테스는 말한다. "그러나 최근에는 많은 기업들이 이에 반하는 액션을 취하고 있다. 위기에 봉착하여 심각한 상황이 될 때까지 기다리는 대신, 회사 차원에서 주의력 기울이기와 명상을 적극 이용하여 애초에 닥쳐올 수 있는 위기를 피해 가는 것이다. 그리고 지금까지 그 성과는 대단히 성공적이다. 쉽게 새로운 시도를 해 볼 수 있는 몇몇 소규모 스타트업 이야기가 아니다. 여러 계열사를 거느린 대기업들이 오히려 이런 것을 체계적으로 도입하려고 시도하고 있다."

최근 몇 년간 우리 회사가 거둔 성공의 많은 부분은 특히나 좋지 않았던 시기에 거듭한 성찰의 힘에 기댄 것이었다. 2001년에 내가 묵언 수행 워크숍에서 돌아왔을 때도 그와 비슷했다. 우리는 함께 힘을 모아 위기에서 벗어나 자유로워질 수 있었고, 그것은 근본부터 새로워지는 시작으로 이어졌다. 물론 이런 변화는 하룻밤 새 일어난 것은 아니다. 우리는 변화를 시도한 이후에도 여전히 몇 달 동안 정말 힘든 시간을 보내야만 했다. 달칵, 스위치만 올리면 이 세상과 회사가 더 좋은 곳이 되고 그 즉시 성공적인 결과가 눈앞에 펼쳐지지 않을까 하는 것은 순진한 희망 사항일 뿐이다. 결국 인생이란 맞는 버튼만 누르면 나머지는 자동으로 움직이는 기계가 아니기 때문이다. 무언가를 움직이게 하려면 심혈을 기울이고 많은 에너지를 쏟아부어야 한다. 그러나 세상이 분주하고 소란스러울 때에도 우리를 안정시키는 것은 내면의 힘과 평온함이다. 이를 통해 어려운 상황에서도 맑은 의식으로 중요한 결정을 내릴 수 있다. 이것을 깨달은 것이 내가 '수도원에서 보낸 며칠간의 휴식'에서 얻은 진정한 선물이다. 이렇게 정신적 뿌리를 강화함으로써 우리는 함께 그동안 심각한 손실을 내고 있었던 재정을 다시 수익이 나도록 회복시킬 수 있었고, 그 어느 때보다도 강한 모습으로 이 위기에서 빠져나올 수 있었다.

15년이 넘는 기간 동안, 우리 회사의 팀원들과 나는 중요한 의사 결정 과정을 앞두고 따로 특별한 공간에서 보내는 시간을 의식적으로 끼워 넣고 있다. 예를 들어, 경영 관리 팀이 회사의 연간 계획을 세우는 기간에는 며칠 동안 바닷가와 같이 아름다운 곳으로 떠난다. 일상적인 비즈니스 공간과는 다른 곳에서 어떤 방해도 받지 않고, 우리 회사의 현재 위치와 현황 및 적절한 솔루션이 무엇인지를 자세히 분석할 수 있다. 실제로 우리는 첫날에 열띤 의견을 나누고, 다음 날에는 문제가 되는 모든 사항들을 보다 이완된 분위기에서 재차 살펴본다. 그렇게 진행되는 회의에서 우리는 드물지 않게 관습적이지 않은 참신한 해결책을 찾아낸다. 회사의 현재와 미래의 문제를 조용히 성찰할 수 있는 공간과 시간을 허용하는 덕이다.

그러는 사이 휴식의 개념은 라토플렉스의 기업 문화를 구성하는 요소 중 하나가 되었다. 우리 회사에는 일상적인 문제들로부터 거리를 두는 것이 때로 얼마나 효과적인지에 대해 의심하는 사람은 전혀 없다. 성찰이 얼마나 대단한 도움이 되는지는 실제 적용 테스트를 거쳐 분명히 확인한 셈이다!

방해 없는 시간: 휴식의 이점

안스가르 코를라이스는 진정한 '라토플렉스 맨'이다. 10년이 넘는 기간 동안 제품 품질 관리 책임자로 일해 왔으며, 제품 개발에 있어서도 초기 아이디어부터 시작해서 납품 관련 문제에 이르기까지 전 과정에 관여한다. 제품 관리자는 늘 모든 영역에 골고루 관여해야 하기 때문에 업무가 매우 복잡하고 까다롭다. 판매, 생산, 검수에 이르는 모든 과정마다 제품에 대한 특정한 요구가 있고, 모두 이를 당연히 충족시킬 것을 기대한다. 그렇기 때문에 안스가르는 마치 비바람이 불고 높은 파도가 이는 바다 한가운데에 표류하는 배에 탄 것과 마찬가지다. 그가 업무와 관련하여 가지고 있는 우선순위 목록은 매우 길고, 게다가 매 시간 새로 변경된다. 특히 하나의 프로젝트가 끝을 향해 갈 때는 시장 출시를 앞두고 스트레스가 심하고 여러 가지로 분주하다. 안스가르는 인터뷰에서 의도적인 휴식과 거리 두기가 그런 업무의 폭풍우를 뚫고 나가는 데 어떻게 도움이 되는지를 이야기해 주었다.

Q 때때로 휴식을 취하며 여러 가지 생각들과 오가는 이메일, 그리고
진행 중인 프로젝트를 평화롭고 차분한 가운데 살펴보고 정리하는
것에 대해 어떻게 생각하세요?

A 질문에 반문해 보겠습니다. 아무런 방해도 받지 않는 순간은 얼마나
가치가 있을까요? 내가 스스로 경험해 보기 전까지는 확실히 대답할
수 없었던 질문입니다. 재미있는 것은, 방해받지 않고 생각할 시간
이 있을 때 모든 상황이 제대로 정리되는 것처럼 느껴진다는 것입니
다. 가장 간편하게 적용해 볼 수 있는 팁은 장소를 변화시키는 것입
니다. 매일 일하던 사무 공간에서 나가 보세요.

Q 그런 장소로 가장 좋아하는 곳이 있습니까?

A 지리적인 장소를 말씀하시는 거라면 두 군데가 있습니다. 첫 번째는
함부르크 중앙 법학 도서관 안에 있는 학생 열람실입니다. 그곳에
는 큰 열람실 안에 백 명 이상이 함께 앉아 있어야 할 때도 있지만,
모든 사람들이 제각기 조용히 일하고 집중하고 있는 것이 정말 대단
하게 느껴집니다. 저는 그런 환경에서 최대치로 집중력을 발휘할 수
있어요. 생동감이나 활기라는 단어가 이런 경우에 적합한지는 잘 모
르겠지만, 그 안에는 집단이 만들어 내는 생동감 같은 것이 있어요.
주변이 온통 최대 능력치로 팽팽 돌고 있는 두뇌들로 둘러싸인 환경

이잖아요. 마치 두뇌를 위한 체육관 같은 장소라는 생각이 들어요.

두 번째는 완전히 반대로, 날씨만 허락한다면 자연 속으로 나가 앉아 있는 걸 좋아합니다. 교외로 흐르는 강의 동쪽에 오래된 물레방앗간이 있어요. 음, 강이라기보다는 거의 개울과 비슷한 수준이긴 하지만요. 테이블이 딸린 벤치도 있고, 인터넷 신호도 잘 잡혀서 계속 온라인상에 있을 수도 있답니다. 하지만 제가 특히 좋아하는 점은, 돌들 위로 물이 뿌려지며 잔잔한 배경 소음이 발생하는 것입니다. 흘러가는 강물과 제 생각들은 직접적인 유사성을 가지고 있어요. 그중 한 가지는 확실합니다. 흐르는 강물은 절대로 멈추지 않는다는 것이죠!

지리적으로 특정할 수 있는 장소 외에도 두 가지 다른 일상적인 공간들이 있습니다. 하나는 대도시와 많은 사람들이 있는 공간입니다. 저는 도서관에 갈 때 보통 지상 전철을 타고 갑니다. 열차를 타러 역에 가면 엄청나게 큰 서점에 가서 다른 때라면 전혀 읽지 않을 법한 잡지를 두 권 삽니다. 그리고 잠시 휴식 시간을 가질 때 카페나 빵집에 가기도 합니다. 그럴 때, 이어폰으로 외부와 차단된 상태에서 꼭 도서관에 있는 것처럼 한두 시간 정도 생각에 잠길 수 있습니다. 집중해서 일하는 것 외에도, 외부에서 얻을 수 있는 인상과 다른 모든 것들이 저에게 영감이 됩니다. 가능한 한 깊이 생각에 잠기고 싶을 때는 다른 사람들이 없고 오직 자연뿐인 강가로 가서 조금은 다른 하루를 보내는 것이 제겐 제일 잘 맞아요.

Q   언제 의식적으로 휴식을 취해야겠다고 생각하시나요?

A   제 경우엔 정기적으로 휴식을 취하려고 노력하는 편이에요. 그리고 반드시 그런 시간이 필요할 때만 특별히 시간을 내서 휴식을 취하려고 하지는 않아요. 그렇지만 현실에서의 적용은 조금은 다른 문제 같기도 합니다. 어느 시점에선가 다시 휴식이 필요한 시점이 되었다는 것을 깨닫게 될 때가 있습니다.
중요한 것은 당신이 휴식할 수 있는 곳으로 가능한 한 빠르게 이동할 수 있는 구조나 시스템을 갖추고 있는가 하는 점입니다. 제 경우에는 예컨대 거기까지 어떻게 가야 하는지, 주차는 어디에 해야 하는지, 그리고 사용할 수 있는 콘센트는 어디 있는지까지도 알고 있어요. 물론 주변에 밥 먹을 장소가 어디 있는지도 알아야 하고요.

Q   결과는 어떻습니까? 그 후에는 무엇이 달라지나요?

A   그렇게 휴식을 취하며 생각의 전환을 이룬 후에는 제 머릿속이 말 그대로 훨씬 더 자유로워집니다. 다시 모든 것을 명확하게 생각할 수 있는 상태로 회복되는 겁니다. 원칙적으로 저는 이런 시간을 현재 진행 중인 프로젝트에 대해 생각하거나 또는 가까운 미래에 하게 될 작업을 구상하는 데에만 사용합니다. 그래서 그 일을 완전히 해결하거나 아니면 할 일을 적어 놓는 목록, 다이어리 또는 이와 비슷

한 확실히 기억할 수 있는 곳에 적어 놓습니다. 그럼으로써 제가 가진 업무 관련 저장 공간, 즉 제 머릿속을 한번 깨끗이 비우고 새로운 공간을 마련하는 기회가 생기는 겁니다.

조용히 함께 조율하기

하루는 우리 회사의 경영진들과 회의 문화에 대해 의견을 나눈 적이 있었다. 지금까지 회의를 진행해 온 방식에 대한 불만이 여럿 있었다. 시간 엄수가 잘 안 된다거나 참석자들의 불완전한 회의 준비 상태와 같은 문제 외에도, 이들은 일부 직원들이 때때로 거의 마지막 순간에 회의실에 입장하여 회의 중에는 다른 데 정신이 팔려 있다고 비난했다. 이것은 회의의 효과에 큰 영향을 미친다. 이런 이유로 우리는 이제부터 소위 '주의 집중의 순간'이라는 것을 도입하기로 결정했다. 회의가 시작되기 전 60초 동안 침묵 상태를 유지하는 것이다. 그러고 나면 회의 주최자가 회의를 시작하고, 이 주의 집중의 순간은 자동으로 종료된다.

이를 통해 모든 참가자는 신체적으로뿐만 아니라 정신적으로 회의실에 도착하여, 이 회의가 무엇에 관한 것인지, 또는 회의 목표가 무엇인지 알 수 있는 시간을 가지게 된다. 침묵 속에서 일종의 공동 조율 과정을 거치는 것이다. 근본적으로 이것은 매우 짧은 성찰의 순간에 지나지 않는다. 각각의 참가자는 서로 다른 상황에 있다가 회의실로 모인 것이기 때문에 각자의 분위기는 다를 수밖에 없다. 그러므로 이 짧은 단계를 거치며 회의에 참석하는 누구나 심호흡을 하고 산만하게 만드는 생각에서 시선을 돌려 보다 명확한 의식으로 회의를 시작할 수 있다.

파울 코테스가 강조하는 또 한 가지는 바로 질문의 중요성이다. "어떻게 하면 우리가 서로에게 더 주의를 기울일 수 있을까?" 그 역시 간단한 묵상의 시간으로 회의를 시작하는 방안을 추천한다. "곧 시작될 회의에서 논의될 것들이 무엇인지 모두가 의식할 때까지 가만히 기다려 보는 겁니다. 그런 식으로 진행되는 회의가 모든 사람들이 그냥 마구잡이로 들어와 우왕좌왕하는 회의보다 훨씬 효율적이고 즐거우며, 그 결과 또한 성공적이라는 것을 금방 알 수 있을 겁니다."

물론, 처음에는 단체로 조용히 앉아 있는 데 익숙해지기까지 적응의 시간이 필요했다는 점은 인정해야 할 것이다. 그러나 시간이 지남에 따라 이것은 이제 우리 팀의 어느 누구도 놓치고 싶어 하지 않는 우리만의 의식이 되었다.

이번 장에서는 침묵과 성찰, 그리고 우리 회사의 소통 방법과 그와 관련한 경험들에 대해 많은 부분을 소개했다. 어쩌면 이 장을 읽은 독자 여러분은 호기심이 생겨 이제 이러한 방향으로 직접 첫발을 내딛고 싶어졌을지도 모른다. 다음은 삶에 실질적으로 더 많은 침묵과 주의력, 그리고 성찰하는 시간을 도입하는 방법에 대한 몇 가지 아이디어와 제안들이다.

개인적으로 방문하여 쉴 수 있는 장소를 마련하자. 물론 다양한 곳이 있겠지만, 무엇보다도 당신이 편안함을 느끼고 긴장이 풀어지며 근심과 걱정을 뒤로할 수 있는지 여부가 중요하다. 그곳에서 항상 성찰 단계로 가는 길을 찾을 수 있도록 시간을 보내는 특정한 의식을 만들어 보는 것도 좋다. 그 의식이 명상이어도 좋겠지만 꼭 그럴 필요는 없다. 여러 가지를 시도해 보고 당신에게 가장 적합한 것을 찾으면 된다.

너무 조급해지고 분주하다면 그 일에서 일정한 거리를 유지할 수 있도록 한 발짝 물러나는 편이 좋다. 그리고 당신의 직감에 귀를 기울여라. 거리 두기가 필요한 때가 언제인지는 직관적으로 알 수 있다. 회사 건물, 반복되는 일상생활, 훈련된 사고방식과 행동 패턴을 벗어나도록 하자. 보통의 하루 일정을 깨트리고 고요한 가운데 홀로 좋아하는 장소에서 시간을 보내 보자.

일주일에 한 번, 한두 시간 동안 홀로 또는 팀원들과 함께 주간 검토를 수행해 보자. 자신의 현재 위치와 프로젝트가 나아가야 할 방향을 결정하는 것이다. 주간 계획을 세울 때 이 시간을 필수적으로 넣도록 하자. 그럼으로써 주의력을 높은 상태로 유지할 수 있으며, 발생 가능한 함정이나 문제를 최대한 빠르게 발견할 수 있을 것이다.

3

존재감

현재의 순간은 있는 그대로의 모습을 보여 준다.

항상 그렇다.

당신은 그것을 그대로 받아들일 수 있는가?

— 에크하르트 톨레

비밀로의 초대

몇 년 전의 일이었다. 예기치 않게 수개월 만에 우리 회사의 가장 큰 고객 중 하나를 잃게 되었다. 이것이 회사를 당장 파산에 이르게 한 것은 아니었지만, 향후 12개월간의 유동 자산 운영 계획에 갑자기 구멍이 생겼다. 앞으로 몇 개월 동안 회사를 정상화하고, 협상 능력을 안정시키고, 또 유동 자금을 다시 서서히 형성하기 위해 긴축 재정 조치에 들어가야 했다. 회사의 모든 파트를 탈탈 털어 대략 100만 유로를 긁어모아야 하는 상황이었다.

나는 다음 직원 회의에서 이 모든 사실을 어떤 방식으로 전달해야 할지 오랫동안 숙고했다. 기본적으로 회사 내의 모든 이들이 우리가 처한 상황이 장밋빛은 아님을 이미 느끼고 있다는 사실을 알고 있었다. 또 내가 세운 구조 계획은 회사의 모든 구성원이 적극적으로 동참해 주는 경우에만 제대로 작동할 수 있을 것이라는 사실도 알고 있었다. 회사가 어려운 상황을 신속하게 복구하려면 모든 사람이 함께 노력하고 때로는 고통스러운 긴축 과정을 거쳐야 했다.

그래서 나는 모든 수치와 데이터, 우리가 어떤 상황에 처해 있는지를 공개하기로 결정했다. 일반적으로 '경영진에 한해서 열람 가능한' 정보로 구분을 두는 기밀조차 따로 숨기지 않았다. 따라서 회사에서 어떤 직위에 있든 관계없이 모든 직원은 내가 결정을 내리는 데 필요했던 정보를 공유하게 되었다. 그리고 여기에는 다소 유쾌하지 않은 절차도 있었다. 예컨대 휴가비 지급을 몇 개월 연기하는 것 말이다. 또 오래전부터 계획해 온 사옥 개축 계획도 일단 중단되었다. 한 건의 권고사직도 없이 이 폭풍을 극복하기 위해서 우리가 무엇을 할 수 있는지, 그것에 대해 내가 어떤 입장에 있는지, 한 치의 숨김도 없이 투명하게 설명했다.

준비한 마지막 말을 마치자, 발표를 들은 직원들이 박수를 보냈다. 나는 거의 모든 가능한 반응을 예측해 보았지만 그중에 단 한 가지, 박수는 없었다. 상황에 비추어 기뻐할 이유가 전혀 없었기 때문이다. 그러나 나는 그 공간에 있었던 모든 사람이 당시 우리가 직면했던 문제의 심각성을 느꼈고, 그래서 구제 계획의 실행을 결정하는 데 자발적으로 관여한 것이라고 생각한다.

리더십 팁

강연할 기회가 있을 때, 참석한 경영진과 기업가들은 종종 자신이 이끄는 팀과 회사의 문화를 개선할 수 있는 방안을 묻곤 한다. 이제는 성대한 크리스마스 파티나 큰 액수의 보너스, 또는 호화로운 사무실 인테리어 등이 기업 문화에 그다지 긍정적인 영향을 미치지 않는다는 것이 분명해졌다. 현대 스타트 업 문화의 상징처럼 여겨지던 탁구대가 있는 휴게 공간조차도 사실상 회사 분위기에 미치는 영향이 미미하다. 이 모든 작은 위안거리들과 특별한 이벤트가 딱히 해 될 것은 없지만, 사실 결정적인 것은 전혀 다른 문제다.

리더십 훈련과 강연에서 나는 이 점을 매우 명확하게 강조한다. 사람들이 이 단순한 사실을 얼마나 자주 무시하거나 간과하는지 알면 정말 놀라울 정도다. 경영진들의 구체적인 행동 방식이 바로 강력하고 신뢰에 기반을 둔 기업 문화를 구축하는 결정적인 요소이다. 보통 때도 그러하지만 특히 위기를 겪는 시기에 올바르게 구축된 기업 문화는 큰 빛을 발한다. 직원들은 리더가 부하 직원들에게 책임을 전가하거나, 명확한 결정을 내리지 못하거나, 자기 사무실에만 숨어 있는 등 잘못된 반응을 보일 때 거의 지진을 감지하는 것과 비슷한 엄청난 내적 흔들림을 경험하게 된다.

불확실성으로 둘러싸인 가운데 무슨 결정이든 내려야 할 때, 또 이 여정이 도대체 어디로 향할지 알지 못할 때, 특히 그러한 순간이 바로 리더십의 힘을 활짝 펼칠 수 있는 때이다. 그것이 제대로 되지 않으면 기업 문화뿐만 아니라 가까운 미래 회사의 존폐 여부에도 심각한 문제를 초래할 수 있다. 바로 그렇기 때문에 현 시대의 경영자와 기업가의 사고방식을 구성하는 필수적인 요소가 리더로서의 자리를 지키고 항상 거기에 있어 주는 것이라고 생각한다. 폭풍우가 으르렁거리며 몰아치는 동안, 선장은 모두의 눈에 잘 띄는 높은 교량 위에 서서 지휘봉을 휘두르는 존재여야 한다. 한배에 탄 선원들이 긴장할 수밖에 없는 순간에 그들에게 가장 필요한 것은, 리더가 바로 곁에서 함께 이끌어 준다는 느낌이다.

아버지는 항상 기업을 스포츠 팀과 같이 비교하곤 하셨다. 선수 각자가 서로 다른 임무와 서로 다른 개성을 가지고 있는, 예컨대 축구에서는 한 사람은 반드시 골문을 지켜야 하고, 다른 사람들은 골을 넣어야만 한다.

기업에서도 역시 다양한 생각을 가진 사람들이 만나 협력하여 일한다. 마케팅이든, 관리든, 생산이든 각자 자리에서 맡은 일을 한다. "트레이너—혹은 경우에 따라 기업가—가 연마해야 할 기술은, 사람들이 하나의 특정한 목표를 향해 함께 협력하도록 하고, 그 과정에서 서로 돕고, 지지하고, 동기를 부여하도록 하는 것이다." 아버지는 기업을 이끌어 가는 사람의 임무를 이렇게 설명하셨다. 여기에 있어서 물론 인간에 대한 이해와 예민한 감수성은 빠질 수 없는 요건이다. "사람이 시장을 만드는 것이지 시스템이 만드는 것은 아니다."라는 말도 아버지가 자주 하셨다. 용기 있게 선봉에 서서 회사의 모든 구성원들과 함께 위기를 헤쳐 나가는 경험은 기업의 문화를 형성하는 데에도 영향을 미치며, 구성원들이 그 후로도 오래 지속되는 소속감을 가지도록 한다.

당신이 인생을 밀도 있고 완전하게 살려는 마음을 먹었다면,
인생의 사건들이 일어나는 자리에 있어야 한다.
바로 여기, 그리고 지금!
_도리스 키르히

개방성과 친밀감

그러나 누구나 각자의 약점을 지니고 실수를 저지름에도 불구하고, 우리는 왜 타인에게 자신이 곁에 있음을 보여 주거나 친밀한 감정 표현을 어렵게 느끼는가? 대다수의 사람들은 위기에 처했을 때, 놀란 거북이처럼 위축되어 등껍질 속으로 머리를 집어넣고 숨어 버리는 경향이 있다. 예를 들어 갈등이 발생하면 자기 사무실로 후퇴하고 전혀 나오지 않아 복도에서도 마주칠 기회도 없다든가, 심지어 의사소통이 꼭 필요한 경우에는 이메일이나 전화 통화로 대신하는 경영진도 있다.

물론 나 또한 이렇게 도피하고 싶어 하는 충동에 대해 잘 알고 있다. 그러나 경영진의 한 사람이라면 더더욱 그렇게 쉽게 포기해서는 안 된다! 코칭 전문가인 토니 로빈스는 예전에 내가 참가했던 한 워크숍에서 다음과 같이 말했다. "우리 인간이 가지게 되는 두려움은 오직 두 가지 뿐입니다. 사랑받지 못할까 하는 두려움과 타인의 기대를 충분히 만족시키지 못할까 하는 두려움이 그것입니다." 당연히 한 회사의 경영진이라고 해도 이러한 두려움을 가지고 있을 수는 있다. 물론 우리 모두는 사람들에게 사랑받기를 원한다. 그러나 회사가 심각한 위기에 처했을 때 인기가 떨어지거나 누군가를 화나게 할 가능성은 당연히 높아진다. 그런 상황을 가능하면 피하려는 것은 본능이다.

그런데 이런 상황은 생각과는 반대로 큰 기회가 될 수 있다! 이러한 때에 사람들 앞에 자신을 드러내는 것은 오히려 그들에게 안정감과 희망적인 인상을 주기 때문이다. 소통 상대가 있고 접근하기 어렵지 않으면, 직원들이 가지고 있는 막연한 걱정과 두려움도 어느 정도 대화를 통해 해소가 가능해지므로 감정이 끓어오르지 않게 되는 것이다. 경영진이 깃발을 들어 올리고 솔직한 태도를 보여 줄 준비를 갖추면 관련된 모든 사람들이 점점 더 긴장을 풀게 된다. 우리 회사의 독일-오스트리아-스위스 지역 영업 관리자인 디터 토스트는 "뒤로 물러서 있으면서 일이 잘 해결되기를 바라는 것은 재앙과 같은 일"이라고 말한다. "그럴 때 행동 수칙이 실려 있는 책자를 손에서 완전히 내려놓는다고요? 그 반대가 맞습니다. 무슨 일인가가 나를 향해 다가오고 있다는 것을 감지한다면, 나 또한 그 닥쳐올 일을 향해 가야 합니다. 가만히 기다리면서 차나 마시고 있는 것이 더 나은 결과를 만드는 경우는 드물지요."

결국 그 다가오는 소식이 좋은지 나쁜지는 별로 중요하지 않다. 더욱 결정적인 역할을 하는 것은 사람들과 대화하는 내용의 출처다. 직원들이 경영진에 대해 갖는 호감과 신뢰감을 상승시키는 것은, 우리가 다른 모두처럼 약점과 실수가 있는 한 명의 인간적인 사람으로서 갈등 상황에서도 앞에 나서는 용기를 실천할 때이다. 물론 그러는 척만 하는 것이 아니라 진정성이 있을 때 말이다. 당연히 직원들 앞에서 "우리가 계획한 대로 일이 진행되지 않아 큰 문제에 봉착하게 되었다. 문제를 해결해 나갈 것이지만 그러기 위해서는 모두의 협력이 필요하고, 그 과정은 유쾌한 것만은 아닐 수도 있다."는 말을 하는 것이 썩 기분 좋지는 않을 것이다. 재미 삼아 할 수 있는 일도 아니고, 예컨대 해고를 통보하는 일 만큼이나 곤란한 일일 수도 있다. 그러나 나는 경험을 통해서 알게 되었다. 뒤로 물러서고만 싶은 처음의 충동에 저항하고, 쓰디쓴 진실일지라도 솔직히 터놓는다면 위기를 더 빨리 극복할 수 있다. 그리고 이것을 넘어서 오히려 위기를 기회로 삼아 기업에 대한 장기적인 신뢰와 개방적인 사내 문화 구축이 가능해지기도 한다.

위기 상황에서의 솔직한 의사소통

수년에 걸쳐 내가 반복한 경험에 의하면, 위기 상황에서 이루어지는 의사소통은 두 가지 차원이 결정적 역할을 한다. 먼저 사실 관계 차원에서 직원들은 경영진이 뒤로 숨기고 있는 것이 없음을, 즉 그들이 속임을 당하고 있지 않음을 알아야 한다. 그러나 이보다 더 중요한 것은 감정적 차원의 일이다. 직원들은 경영진이 솔직하고 진정성 있게 커뮤니케이션에 임한다고 생각하는가? 진지하게 대화에 임하는 자세가 잘 전달되는가?

그렇기 때문에 위기 상황에서 나는 보통 파워포인트 프레젠테이션이나 그와 비슷한 방식은 피하려고 한다. 기술의 도움을 받는 방식이 일종의 거리를 만든다고 믿기 때문이다. 직접 소통은 사소하다 여겨지지만, 경험상 이것이 커뮤니케이션에 가져오는 이점은 언제나 막대했다. 시각적 자료로 중요한 수치나 강조할 만한 결정을 제시할 필요가 있다면 나는 예컨대 플립 차트를 사용한다. 이것은 말 그대로 팀원들과 나를 더 가까워지게 해 주었다. 내가 화면을 향해 서서 다음 파워포인트 슬라이드만 바라보며 발표하면 그 누구도 감히 중간에 말을 끊을 엄두를 내지 못한다. 하지만 플립 차트를 이용하는 방식은 토론을 시작하기에 그보다 훨씬 수월하기 때문이다. 직원들 앞에 진심을 다해, 진정성 있게 함께 있을 때, 즉 솔직하고 친밀한 모습으로 다가갈 때, 나는 지금 그 자리에서 일어나고 있는 일이 무엇인지 파악하려는 노력을 집중적으로 기울인다. 팀원들 개개인이 어떤 기분인지 알고 싶은 것이다. 오늘 이 자리에 참석한 사람들은 우리가 마주한 문제에 대해 어떻게 생각하는가? 기술적인 도움 없이 자유롭게 말하는 동안, 나는 동료들의 마음에 감정적인 차원으로 도달한다. 경험상 사람들은 상대가 그렇게 친밀감을 보여 주는 것에 대해 감사하는 마음을 가진다. 당신이 정말로 스스로 모두의 앞에 '전혀 방어적이지 않은 상태'로 있다는 것을 알면 사람들의 분위기가 전반적으로 변화한다. 그 대가로, 당신과 직원들은 신뢰를 기초로 한 관계를 다지게 되고, 개방적이고 솔직한 의사소통이 점점 더 일상적인 것으로 자리 잡을 수 있을 것이다.

소통을 위한 초대

얼마 전 일이다. 우리 회사의 부서장 중 한 명이 정기적으로 회의에서 언쟁을 벌였으며, 심각한 의견 불일치가 채 해소되기도 전에 분노를 표출하며 회의실을 나가 버린 것도 여러 번이었다. 그는 일상적 업무에서도 손을 놓아 버리고, 받은 편지함에 동료들과 협력 업체, 그리고 고객의 이메일을 쌓아 둔 채로 회신하지 않았다. 그를 직접 찾아가 대면하고 문제점을 지적할 만큼 대담한 직원은 없었다. 어느 누구도 그에게 도대체 무슨 일이 일어나고 있는지 그리고 무엇이 진짜 문제인지 이해하지 못했다. 그의 태도에 대해 회사 내의 다른 구성원들은 의문만 가득했다.

　민감한 상황이 될 가능성이 매우 높은 일이어서 나는 즉시 개입하거나 섣불리 중재하지 않기로 결정했다. 그 일에 직접적으로 관련된 당사자들에게 스스로 문제 상황을 제어할 기회를 주고 싶었던 것이다. 그러나 시간이 흘러도 내가 보기엔 상황이 나아질 기미가 보이지 않고 그대로 교착 상태에 빠진 것 같았다. 아니 오히려 그 반대였다. 더 이상 갈등이 고조되는 것을 막기 위해 나는 마침내 개입하기로 마음을 먹었다.

먼저 큰 스트레스를 받고 있는 것처럼 보이는 그 부서장에게 개인 면담을 요청했다. "지금 상황이 걱정스러워서요. 부서장님은 어떻게 생각합니까? 며칠 동안 잠도 안 오더라고요." 솔직하게 말문을 열었다. 단단한 얼음장 같던 침묵이 깨어지자, 그는 현재 상황 때문에 자신이 스스로 얼마나 많은 스트레스를 받고 있는지를, 이제는 이 상황의 수습을 위해 어디서부터 손을 대야 할지 도무지 모르겠다는 것을 가감 없이 나에게 말했다. 그는 압박감을 느끼며 실수를 두려워하고 있었다. 그래서 그렇게 말로 주변을 쑥대밭으로 만들어 놓고는 차라리 아무런 행동도 취하지 않는 편을 택한 것이다. 그리고 자신이 엄청난 압박을 받으며 이 문제를 집으로까지 가져가고 있다는 사실을 금방 깨달았다. 이것은 스트레스를 감소시키는 데는 하등 도움이 되지 않는 일이었다. 더불어 우리의 내부적 관계도 화제에 올랐다. 그는 내가 자신을 충분히 지지하지 않는다고 느낄 수밖에 없었던 상황들에 대해 이야기했다. 또 우리는 그의 두려움과 염려에 대해 오랫동안 대화를 나누었으며, 그 두려움의 기원은 무엇일지 함께 더 깊이 들어가 보았다. 그러나 나는 구체적인 해결 방안을 제안하지 않았고, 빠른 해결책을 찾으려는 노력도 하지 않았다. 어떤 사항에 대해 심도 있게 의논하고, 거기에서 발견된 모든 것에 각각의 공간을 제공하는 것이 때로는 매우 중요한 일이다. 누가 누구를 비판할 자격이 있고 없고의 문제가 아니라, 단순히 서로 다른 견해를 표현하고 생각이 서로 다름을 인정하는 것에 관한 것이다. "맞아요, 당신 생각이 정말 맞네요. 저는 여태까지 그 문제를 그런 시각으로 보지 못했습니다."

우리를 진정으로 괴롭히는 영향력에 대해 신뢰의 바탕 위에서 깊은 대화를 나눈 이날 이후, 오로지 그 대화만으로 많은 것들에 새로운 움직임이 생겼다는 것을 느낄 수 있었다. 일단 상황이 즉시 눈에 띄게 완화되었다. 심한 비바람이 지나간 후의 대기처럼 분위기가 한결 깨끗해진 것이다. 그 부서장과 나 사이에 일종의 신뢰감을 바탕으로 한 유대가 생겼기 때문에, 우리는 이후로도 문제가 발생한다면 상황이 악화되기 훨씬 전에 그에 대해 서로 의견을 나눌 수 있었다. 다른 직원들 또한 그 후로 몇 주 동안 훨씬 더 안정되고 평온한 분위기에서 업무에 집중했다. 다음 몇 주 동안 관련 부서의 업무 흐름이 세심하게 조정되었으며, 상호 합의된 변경 사항을 점차적으로 도입할 수 있었다.

우리 회사에서 있었던 위의 사례는 다음과 같은 사실을 다시 한번 분명히 보여 준다. 단지 조직도나 팀원들 각자가 맡은 업무를 변경하는 것으로는 근본적인 문제를 완전히 또는 그 효과가 지속되도록 해결할 수 있는 경우가 거의 없다. 이를 위해서는 오히려 감정적인 차원에서 주의를 기울여야 한다. 사람 대 사람으로 마주하고 서로의 관심사와 필요에 대해 공개적이고 솔직하게 이야기할 수 있는 용기를 가질 때, 더 큰 상호 이해를 바탕으로 근본적인 변화를 도모할 수 있는 것이다.

동료들이나 함께 일하는 직원들에게 주의를 기울인다는 것은 자신을 지나치게 중요한 사람으로 여기지 않음을 뜻한다. 우리가 에고를 억제하는 데 더 자주 성공하고 우리의 견해만을 완고하게 고집하지 않는다면, 지금 막 일어나고 있는 일에 마음을 더 많이 열고 받아들일 수 있다. 특히 위기를 마주한 상황에서 이것은 리더십의 핵심 기술 중 하나이다. 오가는 이야기를 주의 깊게 듣고 회사에서 매일 일어나는 일을 정확히 파악해야 한다. "나는 사람들을 제대로 살펴보지 못했고, 그들의 필요를 파악하지 못했다. 이 사람들이 실제로 좋은 공동체를 구축하는 데 필요한 것을 보지 못했다는 말이다. 그것은 변명의 여지없는 실수였다." 보도 얀센은 자기비판적으로 이렇게 인정했다. "나는 회사의 성공과 수익성을 높이는 것만이 중요하다고 생각했다. 좋은 리더십의 필수적인 부분이면서 동시에 목적이 되는 것이 함께 일하는 사람들 간에 친밀한 교제가 형성될 수 있도록 장려하고, 일상생활 안에서 관계를 발전시키는 것임을 나중에야 깨달았다."

존중을 보여 주는 행동 방식

수년에 걸쳐, 나는 상황이 정말로 격렬해져서 해결책을 제시하기 위해 경영진으로서의 나의 개입이 꼭 필요한 때를 감지하는 확실한 감각을 발전시킬 수 있었다. 기본적으로는 관리자와 직원 모두 어려운 상황에 처했을 때 그것을 스스로 제어할 수 있는 자유로운 공간이 보장되어야 한다고 생각한다. 그렇기 때문에 우선은 상황을 관찰하며 잠시 기다린다. 물론 이 방법이 항상 옳은 것은 아니라는 것을 인정한다. 그렇지만 초기 개입이 상황을 완화시킬 수 있었다는 사실을 알게 되는 때는 항상 적절한 시기가 지난 후다. 우리는 그러한 오판의 경험에서 위기 그 자체를 다루는 법을 배워야 한다.

위기에 감정적으로 반응하는 것은 어찌 보면 자연스러운 일이다. 놀라는 것은 물론이고 기절하지 않으면 다행일 정도다. 전혀 계획된 것이 아닌 상황에 발을 걸려 넘어지면, 곧바로 다음 단계를 어떻게 진행해야 할지 전혀 모르게 된다. 단기적인 해결책의 시작점은 좋지 않은 상황의 책임을 전가할 희생양을 찾거나 갑자기 완전히 돌변해 버리거나 또는 다른 사람들에게 지나치게 예민하게 구는 것이다. 한 기업을 이끄는 경영자라면 이 메커니즘을 잘 알고 있어야 한다. 나 역시 위기를 준비된 상태에서 맞이하는 것이 아니기 때문에 처음에는 감정적으로 반응하게 되지만, 가급적이면 조용히 혼자 있는 공간에서만 그러려고 노력한다. 그리고 다시 조금 안정이 되어 당면한 위기 상황에 대해 합리적인 사고를 할 수 있게 되었을 때만 직원들에게 다가가는 습관을 들였다. 그렇게 해야만 나는 열린 마음으로 팀원들에게 다가가 해야 할 일을 함께 논의할 수 있다.

누가 한 말인지 모르지만 정말 딱 맞는 표현이 있다. "다른 사람들을 이끄는 자리에 있고자 하는 사람은 먼저 '자기 자신을 옳은 길로 이끌 수 있어야 한다.'" 이것은 매우 중요하고 맞는 말이다. 우리가 태어난 것은 스스로를 끊임없이 돌아보고, 자신의 성격을 알아 가며 또 더욱 발전시키도록 이 세상에 초대받은 것이나 마찬가지이다. 그렇기 때문에 나는 우리 회사의 경영진들이 최대한 자기 성찰을 했으면 좋겠다고 생각한다. 그리고 2장에서 보았듯이 위기가 닥쳐오지 않은 평온한 시간에도 성찰과 자기를 이끄는 절차를 시작하는 방법에는 여러 가지가 있다.

진정한 실행 동기

"한 기업을 이끄는 경영자로서, 스포츠 팀처럼 여러 사람으로 구성된 그룹이 가지는 역동적인 프로세스에 관한 감이 있어야 한다." 아버지는 이런 요점의 말을 하셨던 적이 있다. "모든 업무가 문제없이 수행되며 늘 최상의 성과를 올리는 그룹이 있다고 해도, 거기에 새로운 구성원이 추가되면 그룹 전체의 역동성이 변화를 일으킬 수 있는 것이다. 그런 일이 일어나면 멀뚱히 서서 스스로에게 묻게 된단다. '지금 무슨 일이 일어나고 있는 거지? 다른 것은 아무것도 바뀐 것이 없는데.' 그러나 팀에서 일어나는 일에는 함께 맞물려 작동하는 것들이 꽤 있거든. 결국은 사람들과 관련된 일이니까 말이야. 많은 사람들이 그것을 잊고 있다고 생각한다."

특히나 어려움을 겪고 있는 시기에는 모든 팀원들이 느끼는 스트레스와 압박감이 엄청나다. 자신이 궁지로 몰렸다고 느끼거나 더 이상 문제를 해결할 방법이 없다는 생각이 들면 사람들은 각기 서로 다른 방식으로, 그리고 대개는 비이성적인 방식으로 반응한다. 상황을 설명하거나 문제를 해결하는 방법을 모르기 때문이다. 그런 뒤에는 일종의 '비상 대책 프로그램'이라 할 수 있는 것이 발동된다. 위협을 느끼는 것과 동시에 공격적이 되거나, 회피하거나, 또는 경직되는 것 모두 이 프로그램에 속하는 반응이다. 나는 내가 이끄는 팀 내에서 이 세 가지 반응이 반복적으로 나타나는 것을 관찰할 수 있었다. 한 동료는 분명한 이유 없이 주변 사람들을 언어적으로 자극하여 갈등을 유발했고, 다른 동료는 불쾌한 대화를 피하기 위한 변명을 만들어 냈다. 다른 한 명은 완벽한 잠수 모드로 들어갔다. 가뜩이나 스트레스가 많은 상황에서 동료들의 이러한 행동 방식은 우리 자신조차도 동일하게 비합리적인 방식으로 반응하게 만들 수 있다. 또는 감정적이고 비이성적인 반응을 합리적으로 해결하려 들 수도 있다. 두 경우 모두 우리는 영원히 원을 그리며 빙글빙글 돌 뿐 서로를 찾아 제대로 대면하거나 공동의 해결책을 찾을 수는 없다.

우리가 하는 모든 행동의 근원은 항상 내적 동기다. 예를 들어 관리자가 어떤 동료나 부하 직원을 절대 신뢰할 수 없다고 단호한 결정을 내린 경우, 자동으로 특정 행동을 취하게 된다. 그 누구도 100% 믿고 의지할 수 없기 때문에 동료나 팀으로부터 계속 거리를 유지하면서 모든 업무를 직접 재차, 때로는 세 번 이상 거듭하여 확인하고 통제해야 할 필요성을 느끼는 것이다. 그러한 관리자에게 단순히 팀원들에 대해 '더 많은 신뢰감'을 가지기를 지시하는 것은 논리적으로도 별 의미가 없다. 그는 그러한 강박에서 쉽게 벗어날 수 없을 것이기 때문이다. 그러나 그런 지시를 내리는 대신, 그 관리자의 이러한 행동 패턴이 근본적으로 어디에 기인하는지, 통제 강박—또는 다른 특정 행동들—의 배경이 되는 일이 무엇이었는지 묻기 시작한다면, 우리는 보통 과거의 경험이 원인이 되었음을 발견할 수 있을 것이다. 사람은 인생에서 무엇인가를 경험할 때마다 특정한 인상을 받고, 그것을 수집한다. 대다수의 경험은 우리가 발전을 이루는 데 크게 영향을 미치지 못하지만, 그중 일부는 매우 결정적인 역할을 감당하며, 수십 년 후에도 한 사람의 사고와 행동 방식에 영향을 미친다. 특히 고통스럽거나 트라우마를 남긴 경험일 때 더욱 그러하다.

라토플렉스의 경영진들은 항상 다음과 같이 자문한다. "겉으로 보이는 행동은 어떤 원인에서 촉발된 것인가?" 서로 다른 다양한 답변들이 가능하겠지만(6장에서 더 자세히 설명하겠다.) 예를 들어 초라하고 무시당하는 느낌, 혼자 남은 느낌, 실패할 것에 대한 두려움 등을 내면에 가지고 있다면 상황은 훨씬 더 악화될 수 있다. 원인을 파악한 후에 고려해야 할 사항은 다음과 같다. "우리는 이 사람이 비합리적인 특정 행동을 취하는 이유가 무엇인지 알고 있다. 이 사람의 비이성적인 긴장 상태를 완화하기 위해 무엇을 해야 하는가?" 물론 우리 모두가 다른 사람의 행동 배후에 숨겨진 원인을 훤히 파악할 수 있을 만큼 눈이 밝은 사람들은 아니다. 그러나 타인의 입장을 생각해 본다는 변화된 관점만으로도 도움이 된다. 왜냐하면 우리가 그 혹은 그녀가 보이는 행동에 대한 이유를 알고 싶어 하며 제공할 수 있는 도움에 대해 더 깊이 숙고했기 때문이다. 그리고 나의 경험상, 그런 문제가 있음을 파악한 사람과 나누는 대화는 일의 표면에 머무르는 토론이나 단순한 갈등 해소를 위한 언쟁과는 다르게 완전히 다른 차원의 해결책에 도달하는 결과로 이어지곤 한다. 이것이 우리가 끝없이 이어지는 의미 없는 의사소통을 피할 수 있는 비결이다.

변화로의 초대

기업에서 특히 위기가 발생한 경우 그것이 부분적으로 이해하기 어렵고 해소하기도 어려운 갈등으로 이어지는 이유가 무엇인지 이제 명확해졌을 것이다. 그렇지 않은가?

우리 모두는 인생의 여정 중에 모은 과거의 경험들을 배낭에 넣은 짐처럼 등에 메고 돌아다닌다. 서로 완전히 다른 과거의 경험들, 그리고 그 결과로 만들어진 태도들은 극단적인 상황에 처했을 때 서로 부딪히게 된다. 따라서 이 모든 감정, 두려움, 걱정이 모두 뒤섞인 가운데 매사 순조롭게 진행될 수만은 없다는 사실은 놀라운 일이 아니다. 이 혼란스러움 속에서 순수하게 합리적인 차원에서 문제를 해결하고 파도를 잠재우려는 사람이 있다면 그 결과는 참담한 실패일 것이다.

각자가 과거에 겪은 부정적인 경험을 활기차고 긍정적인 경험으로 대체하지 못한다면, 팀원들의 과거는 팀 전체의 현재와 미래에 큰 부담이 될 수 있다. 항상 곁에 있어 주는 경영진은 바로 이 지점에서 서로 더욱 신뢰하는 기업 문화가 형성되도록 도움을 줄 수 있다. 팀에 새로운 구성원이 들어올 때, 그 사람은 사적 영역이든 직업적이든 관계없이 이전에 유지했던 관계들에서 얻은 모든 경험을 가지고 온다.

경영진이 발휘할 수 있는 올바른 리더십이 짊어지는 임무는 이렇게 새로 들어온 구성원이 과거에 다녔던 회사에서 획득한 부정적인 경험의 영향력이 점차 축소되게 만듦으로 이것이 현재 우리 회사에서 이루어지는 직원들 간의 협력에 방해 요인이 되지 않도록 만드는 것이다.

그러려면 우리는 무엇을 해야 할까? 우선 반드시 나 스스로가 새로운 것을 경험하려는 의지를 가지고 있어야만 한다. 경영진이라고 해서 직원들에게 새로운 사고방식이나 행동 방식을 강요할 수 없는 것은 당연한 일이다. 때문에 그것을 제시하는 유일한 방식은 나 자신이 삶에 그러한 방식을 적용하고 있음을 직접 모범적인 예시로 보여 주는 방법뿐이다. 그럼으로써 다른 사람들도 새로운 경험에 마음을 열 수 있도록 초대하는 것이다. 예를 들어 타인에게 더 큰 신뢰감을 가지거나 더욱 솔직한 태도를 보여 달라는 것과 같은 초대 말이다. 이를 위해서 경영진은 먼저 스스로 마음을 열고 진정성을 보여 주어야 한다. 그러지 않으면 이 초대는 무용한 것이 되어 버린다.

다른 사람들이 초대를 받아들일지 말지는 그들 자신에게 달려 있다. 자발적인 결정이라는 의미다. 나는 우리 회사의 경영진들에게 누군가 새로운 일에 참여할 마음의 준비가 될 때까지는 여러 번의 반복되는 초대 과정이 필요하다는 것을 분명히 조언하려 노력한다. 학교에서, 직업적으로 맺은 이전의 관계, 또는 사적인 영역에서의 관계에서 얻은 좋지 않은 경험들을 원인으로 하는 불신의 크기가 너무 클 때가 있기도 하다. 신뢰할 수 있다고 생각했던 상대가 위기 상황에서 그릇된 반응을 보였을 때 느꼈던 고통의 경험이 너무나 괴로웠기 때문에 앞으로는 그 무엇보다 안전을 최우선으로 선택해야겠다고 내적으로 다짐하게 되었기 때문이다.

이 내적인 저항을 해소하려면 리더가 곁에 있어 주는 것이 꼭 필요하다. 경영진이 '초대장'을 보낼 때, 그 뒤에는 항상 인간적으로 신뢰할 수 있는 사람이 있다는 사실을 알게 하는 것이 매우 중요하다. 이것이 변화의 가장 기초가 되는 요소이며, 동시에 함께 일하는 직원들을 새로운 경험으로 이끌 수 있는 다리인 셈이다.

인생에서 유일하게 변하지 않는 것은
지금, 바로 이 순간에서 벗어날 수 있는 사람이 없다는 것이다.
어떤 일이 일어나더라도, 인생이 어떻게 변해 가더라도,
단 한 가지는 확실하다. 항상 지금이라는 것.
__ 에크하르트 톨레

근본적인 변화는 결코 즉시 일어날 수 있는 것이 아니다. 처음에는 회의적인 입장이 우세할 것이며, 직원들은 이 새로운 방침이 다음 위기가 찾아와도 적용할 수 있을 정도로 지속 가능한 것인지, 일상적인 업무에서도 분명하게 드러날 것인지, 아니면 지나치는 한때의 바람에 불과한 것일지 궁금해할 것이다. 이럴 때 경영진의 행동이 한결같이 유지되면 안정성이 향상되고 팀원들이 느끼는 신뢰감 또한 높아진다.

진실한 마음: 경영자를 향한 신뢰

라토플렉스의 마케팅 매니저인 미뇽 라토쉰스키는 소위 '뉴 페이스'이며 약 2년 전에 팀에 합류했다. 대부분의 동료들이 많게는 벌써 수십 년 전부터 한 회사에서 일해 온 '화석'이라는 우리 회사의 특수한 상황을 고려할 때 비교적 짧은 시간인 셈이다. 우리 회사에 오기 전에는 온라인 마케팅 및 이커머스 분야에서 일했기 때문에 해당 분야에서의 그녀의 경험과 그로 인한 신선한 시각은 전통적인 비즈니스 모델을 바탕으로 한 우리 회사에 풍부함을 더해 주었다. 경영자로서 나는 미뇽의 굉장한 솔직함, 계속해서 새로운 것에 도전하려는 의지, 그리고 앞에 펼쳐진 길이 어디로 이어질지 확신이 없는 상황에서도 용감히 그 길을 가는 데 망설임이 없는 과감함을 매우 높이 산다.

디지털화는 기업이 어떻게 하면 미래 시장에 성공적으로 진출할 수 있을 것인가 하는 새로운 도전 과제를 제시한다. 따라서 모든 경영진이 당면한 과제는, 직원들이 이 미지의 새로운 차원으로 용감하게 진입할 수 있도록 매일 적절한 동기 부여를 해야 한다는 것이다. 특히나 이렇게 급격한 전환기에, 이 엄청난 규모의 변모 과정에서, 그렇게 함으로써 몰아치는 파도 속에서 단단히 버티고 서 있을 수 있는 진정한 바위 절벽과 같은 역할을 한다는 것이 입증되었다. 우리 회사와 같은 전통적인 유형의 기업에서 새로운 사고와 행동 방식을 도입하기는 쉽지 않다. 우리 회사의 가장 큰 장점 중 하나가 개별 직원들의 모든 강점과 약점을 열린 마음으로 끌어안고 다양성을 힘의 원천으로 여기는 것임에도 말이다.

Q 회사가 속한 시장 전체가 변화하고 있기 때문에 우리도 큰 변화를 겪고 있습니다. 이에 대해 어떤 견해를 가지고 있나요? 이와 관련된 경험이 있습니까? 마케팅 매니저로서 당신이 도전해야 할 과제는 무엇이라고 생각합니까?

A 우리 회사는 물론이고 셀 수 없이 많은 다른 회사들 또한 겪고 있는 이 격변에 어떤 회사는 조금 더 잘, 또 다른 회사들은 조금 서툴게 대응하고 있습니다. 어떻게 대처하고 있든 이 변화가 매우 중요한 것이라는 사실에는 변함이 없습니다. 앞으로도 계속될 경향이기 때문에 그 길을 가는 수밖에는 다른 가능성이 없는 것으로 보입니다.
그러나 우리 회사의 경우, 길고 매우 성공적이었던 전통을 가지고 있기 때문에 특히 어려움을 겪었습니다. "아빠가 이 회사에서 일했었다"라든가 "항상 그런 식으로 일해 왔다", 그리고 "그건 원래 그랬다" 같은 말들은 이러한 종류의 변화가 이곳 사람들 대부분에게 익숙하지 않다는 사실을 반영하는 듯합니다. 그렇기 때문에 사람들에게 새로운 접근 방식에 관한 힌트를 주고 호기심을 갖도록 하는 것이 제 과제라고 생각합니다.

Q 변화의 시대에 경영진의 역할에 대해 어떻게 생각하시나요?

A 많은 사람들이 변화를 두려워합니다. 그렇지만 이 세상에 존재하는 것 중 안전한 것이 있다는 믿음은 단지 환상일 뿐입니다. 그러한 상황에서 경영진은 함께 일하는 직원들을 늘 돕고 전력으로 지원하며 평온함과 자신감을 발산함으로써 안정감을 보여 주어야 합니다.

Q 어떤 사람이 변화를 두려워한다는 것을 알게 되면 어떻게 해야 합니까? 어떻게 그 사람을 함께 데리고 갈 수 있을까요? 어떤 방법이 가장 최선일까요?

A 그 방법은 사람에 따라 달라야 한다고 생각합니다. 한 회사의 리더로서 적절히 대응할 수 있어야 합니다. 이것이 바로 항상 곁에 있는 것이 중요한 이유입니다. 경영진은 거리감 없이 늘 마음을 터놓고 대화할 수 있는 자리에 있어야 하며, 직원들이 지금 당장 가장 중요하게 생각하고 있는 일이 무엇인지를 감지할 수 있어야 합니다.
어떤 직원들은 경영진과 최악의 시나리오에 대해 이야기한 다음 스스로에게 "좋아, 이것이 최악이라면 상황을 어떻게든 제어할 수 있을 거야." 라고 말하는 타입입니다. 이런 식으로 다시금 상황에 제대로 대처할 수 있게 되는 것이지요. 반면에 어떤 사람들은 온전히 경영진의 태도에 기대어 거기서 필요한 안정감과 신뢰감을 느끼기를 원합니다.

Q 그러니까 리더십이라는 것은, 특히나 위기 상황을 마주하고 예민해진 신경으로 때로는 갈등까지 겪을 수 있는 팀의 구성원들에게 안정감을 제공하는 평온함의 근원이라는 뜻일까요?

A 정확합니다. 핵심은 모든 사람이 각기 다른 속도를 가지고 있다는 것이거든요. 다른 사람의 입장에 자신을 대입해 보는 것이 더 쉬운 사람도 있고, 반면 그렇지 않은 사람도 있어요. 제 생각에는 갈등이 불거졌을 때 경영진이 직원들에게 갈등의 원인이 된 사람의 속도가 어떠한지를 잘 전하는 것이 매우 중요한 것 같습니다. 특히 갈등이 점점 고조되고 있는 시점에 이것은 매우 결정적인 역할을 합니다. 직원들이 어느 위치에 있든 그들을 픽업해서 함께 가는 것이 정말 중요하다고 생각합니다. 각각의 다양성을 모두 인정하면서요. 그러기 위해서 우리는 열린 마음으로 바로 지금, 바로 이 자리에 온전히 있어야 합니다.

Q 경제 일반을 생각할 때, 개인적으로 바라는 바나 특별한 의견 같은 것이 있습니까? 무엇이 어떻게 바뀌어야 한다고 생각하십니까?

A 대답하기 어려운 질문이네요. 그렇지만 저에게 끝도 없이 결핍되어 있는 것은 바로 진정성이에요. 그리고 용기요. 일어나고 있는 일을 심플하게 인식하고 그 일에 대해 온전히 헌신하는 용기. 붙들고 있던 것을 놓아 버리고 폭풍우 속을 뚫고 지나갈 때, 그 무엇에도 억지스럽게 매달리지 않고 그저 완전히 내 자신을 던져 성실할 수 있다면, 그게 바로 이 세상을 전진하게 하는 힘이 될 거예요. 그리고 그 안에서 살아가는 사람들 또한 그 힘으로 앞으로 나아갈 수 있을 겁니다.

항상 그 자리에 있음을 보여 주기 위해 우리는 모든 결점과 실수와 더불어 인간 대 인간으로 동료들을 대할 각오가 되어 있어야 한다. 두려움 때문에, 그리고 중요한 사안에 대한 답을 스스로 알지 못한다는 이유로 좌절하고 사람들 앞에서 도망가고 싶은 순간에도, 열린 태도로 솔직하게 내보일 수 있는 용기를 가져야만 한다. 평온한 시기에 좋은 사례를 만들어 놓음으로써 좀 더 탄탄한 의사소통의 기초를 구축할 수 있다.

다음 질문에 답하며 자신을 관찰해 보자. 당신이 뒷걸음질하게 되는 상황이 있는가? 이때 두드러지는 것은 무엇인가? 그리고 이러한 상황은 당신에게 어떤 감정을 유발하는가? 다음에 또 비슷한 상황에 처한다면 의식적으로 더욱 그 상황 속에 있도록, 직원들이 언제라도 당신과 상의할 수 있는 자리에 있도록 노력해 보자.

어떤 이유로든 '어려운' 사람이라 여겨 왔던 동료나 직원에 대해 잠시 생각해 보자. 그런 사람들에게 최대한 공감하여 그들의 관점에서 상황을 살피려 시도해 보는 것이다. 그런 다음 반드시 두 가지 질문을 던져 본다. "이 사람이 이렇게 행동하는 근원에는 무엇이 있을까?" 그리고 "이 사람은 지금 무엇을 필요로 하는가?"

조용한 순간에 팀이나 회사에 부족한 점을 생각해 보자. 어떻게 하면 전면적인 변화가 더욱 가능해질 수 있을까? 회사의 구성원들이 부족한 요소를 발견하고 또 개선하도록 하기 위해 어떤 일을 할 수 있을까? 부족한 것이 신뢰인가, 새로운 것을 시도할 용기인가, 아니면 팀 스피릿인가?

4

신뢰

팀이란 함께 일하는 사람들로 이루어진 그룹이 아니다.

팀은 서로를 신뢰하는 사람들로 이루어진 그룹이다.

― 사이먼 사이넥

흑백 논리

몇 년 전, 우리 회사는 꼬리에 꼬리를 물고 이어지는 불만 접수의 물결이라는 풍랑을 겪었다. 단기간 사용한 폼 매트리스가 눈에 띄는 꺼짐 현상을 보였기 때문이다. 또다시 무언가가 우리의 예측대로 작동하지 않은 것이다! 접수된 고객 불만이 그렇게 많지는 않았지만 (백분율 한 자릿수에 머물렀다.) 많은 고객들은 감정적으로 어려움을 겪었다. 그리고 감정적 어려움을 겪은 이들이 물론 고객들만은 아니었다. 우리 회사의 영업 팀 또한 그 흐름을 피하지 못하고 완전히 동요했다. 그런 상황에서 사태에 관한 브리핑을 하기 위해 모인 자리가 감정적으로 고조된 것은 놀랄 일도 아니었다. 그렇다고 해도 그날의 분위기가 거의 전복 직전까지 갔다는 것에 나는 무척 놀랐다. 직원들 중 일부가 왜 그렇게까지 격렬하게 반응했는지 이해하려고 노력해 보았다. 물론 그 당시의 상황이 번거로운 일을 만들기는 했지만,

회사의 존폐 자체를 위협하는 정도는 아니었다. 그럴 가능성조차 전혀 없었다. 그럼에도 불구하고 부정적인 분위기는 계속해서 더해 가고 있었다. 하지만 내가 생각하기에 그런 흐름에 합리적인 근거는 없었다.

그렇게 감정이 한껏 끓어오른 상황에 맞닥뜨렸을 때, 내 경험상으로는, 지금 가장 필요한 것이 무엇인지 제대로 아는 것이 매우 중요하고 또 큰 도움이 된다. 그래서 나는 일부가 큰 충격을 받은 우리 팀 앞에 앉아서 일단 내 안에서 고요를 찾기 위해 노력했다. 나는 이 몰아치는 감정이 파도에 힙쓸려 나가서 부정적인 흐름을 타면 안 된다는 것을 계속해서 상기했다. 이윽고 상황을 어느 정도 냉철하게 바라보고 팀원들의 입장에 공감할 수 있게 되자, 지금 주목해야 할 것은 뿌리부터 흔들린 신뢰의 문제라는 것이 빠르게 분명해졌다. 직원들 대다수가 두려워했던 것은 고객 센터에 접수되기 시작한 불만 사항들이 이제 점점 더 쓰나미처럼 밀려와 우리 모두를 자비 없이 쓸어가 버리면 어떻게 하나 하는 걱정이었다. 바로 그 때문에 공황 상태에까지 빠졌던 것이다. 그 두려움은 그럴 법했다. "여기까지야, 이제 끝이야, 모든 게 끝나 버렸어!" 팀원들은 미래에 대한 확신과 우리 제품에 대한 자신감, 그리고 무엇보다 항상 최고 품질의 제품을 제공할 수 있다는 스스로에 대한 신뢰를 잃었다.

이런 상황에서 내가 어떻게 하면 우리 스스로와 미래에 대한 확신을 되찾아 줄 수 있을까? 분명 덮어놓고 안심시키거나 장밋빛 렌즈를 장착한 색안경을 씌우는 방법을 통해서는 안 될 일이었다. 경험상 그런 방법으로는 결코 목적한 바를 달성할 수 없었다. 이러한 상황에서 전혀 문제가 없는 듯 행동하는 것은 마치 불난 곳에 기름을 붓는 일과 같아서, 팀원들은 자신의 의견을 경청하거나 자신을 존중하지 않는다고 느껴 더 거세게 저항할 가능성이 크다.

당시 내가 취했던, 그리고 비슷한 상황에 놓였다면 지금까지도 반드시 그렇게 할 첫 번째 행동은 현재 상황을 과장도 축소도 없이 분명하게 파악 가능한 말로 설명한 것이다. "그래요, 문제가 생겼습니다. 이 문제가 여러 가지 성가신 일들을 초래한 것은 사실입니다. 많은 사람들이 우리 회사에 이런 일이 일어난 것에 대해 화가 나거나 상심한 것 같네요. 그럴 수 있다고 생각합니다." 이렇게 전반적인 분위기에 대한 말로 대화의 문을 열었다. 각 상황의 분위기를 가능한 한 가치 중립적으로 인정하고 묘사하는 말은 경험상 건설적인 의사소통을 위한 최상의 공간을 형성해 준다. 이 단계가 없으면 사람들은 종종 다른 관점을 고려할 생각을 하지 못하고 자신의 관점만을 고집한다. 나는 이런 식으로 모두가 어서 감정적인 차원을 벗어나 지금 화두가 되어야 할 품질 문제에 대한 해결책을 찾을 수 있기를 바랐다. 그렇지만 거기까지 도달하기 전에, 두 번째 단계에서는 더 깊숙한 문제인 자신감 상실을 살펴야 했다. 내가 개인적으로 팀의 다른 사람들과 똑같은 느낌을 받았는지, 또는 그 상황에 대한 사람들의 반응이 '적절한' 것이라고 판단하는지 여부는 중요하지 않다.

여기서 말할 수 있는 사실은 회사의 많은 사람들이 두려움으로 엉망 진창이 된 마음을 가지게 되었으므로, 리더로서 그들을 도와야 한다는 것이다.

자신감이 없으면 일어난 일을 털어 내고 다시 일어서서 낙관적인 시각으로 앞을 내다볼 수 없다. 그래서 나는 팀원들에게 우리가 최근 몇 년 동안 얼마나 많은 위기들을 극복했는지를 알렸고, 이 모든 패배와 좌절을 겪을 때마다 더욱더 강해졌다고 강조했다. 라인하르트 슈프렝어가 이렇게 말한 적이 있다. "자신감은 우리 자신이 늪에서 빠져나오는 일이 아주 자주 있을 때 거기서부터 자라난다." 이것이 바로 요점이다. 우리는 함께 그동안 셀 수 없이 많은 곤경에서 어떻게 힘을 합쳐 벗어날 수 있었는지 기억했다. 모인 직원들 무리의 여기저기서 동의를 표하는 끄덕임을 보았고, 일부의 긴장된 자세는 조금 이완되었으며, 전반적으로 분위기가 편안해졌음을 느낄 수 있었다.

이제 중요한 질문을 던질 수 있었다. "그럼 이번 어려움에서 벗어나기 위해 우리 개개인과 팀 전체가 구체적으로 무엇을 할 수 있을까요?" 내가 회의를 시작하며 곧바로 이 질문을 던지고 해결책을 제시하라고 요구했다면, 감정적으로 동요하고 있는 직원들의 상태를 살피지 않았고, 팀원들이 느끼는 감정을 수용하고 앞서 해결하지 않았다면, 아마 부정적인 감정만 과도하게 확대되었을 것이다. 자리한 사람들은 서로 격렬하게 언쟁했을 가능성이 매우 높았을 것이다.

서로 다른 접근법을 가진 사람들끼리 무리를 지어, 현재 당면한 문제의 해결책을 찾는 것만 제외한 잡다한 모든 일에 대해 이야기했을 것이다. 하지만 본론으로 들어가기 전 잠깐 정리하는 단계를 거침으로써 우리는 제품의 품질을 일반적인 표준 상태로 되돌리고 고객을 만족시키기 위해서는 어떻게 해야 할지를 논의하는 다음 단계에 도달해 함께 평화로이 이야기할 수 있었다.

통제력 상실에 대한 두려움

패배나 실수 또는 위기를 초래할 수 있는 최악의 감정은 통제력을 잃는 것에 대한 염려다. 우리의 삶에서, 그리고 일에서 더 이상 성공을 거둘 수 없을 것 같은 미묘한 느낌. 내가 무엇을 어떻게 하든 일어날 일은 일어나 버릴 것이라는 무력한 느낌. 상상의 눈으로 이미 모든 것이 어떻게 물줄기에 휩쓸려 떠내려가는지 보고 있는 것과 다름없다.

통제력 상실에 대한 두려움은 종종 비이성적이고 지나치게 과장된 반응을 불러일으킨다. 이것은 우리가 인생을 살며 모아 온 경험들, 예컨대 상대와의 대화 중 감정적으로 고조되는 상황과 같은 것들에 의해 한층 더 힘을 얻는다. 또는 아주 어린 시절에 겪었던, 일어나는 사건에 아무런 영향을 미칠 수 없었던 때의 기억을 상기시키기도 한다. 이러한 무력함을 경험하는 것은 한 사람의 삶에 지속적으로 영향력을 발휘하여 꼭 위기 상황에서뿐 아니라 일상적인 행동에도 영향을 미친다. 예를 들어 어렸을 때 나는 개가 무서웠다. 저 멀리서 조그만 닥스훈트라도 나타나면 즉시 부모님 품 안으로 뛰어들었다. 지금까지도 나는 이 두려움이 어디에서 비롯된 것인지 설명할 수 없다. 그러나 개가 짖고, 그다음 나를 물고, 나는 그 일에 대해 아무런 저항도 할 수 없는 상태에 놓이는 광경이 눈앞에 상상으로 펼쳐졌다. 그 당시 나에게 모든 개는 나를 총체적인 위기로 몰아넣는 대상이자 무력감의 상징이었다.

그러한 상황에서 우리에게 부족한 것은 신뢰이다. 위험에서 스스로 방어 가능하도록 충분히 무장하고 있으며 위협적인 상황에서 벗어날 채비가 진즉 되어 있음에 대한 확신. 또한 우리 곁에 있는 사람들이 언제나 우리 편이 되어 줄 것이며 함께 해결책을 찾으리라는 인간에 대한 깊은 신뢰. 그것이 없다.

미래에 대한 환상

두려움은 미래에 대한 환상에 지나지 않는다. 우리가 상상하는 일이 일어날지 그렇지 않은지도 실은 확실치 않다. 이 머릿속 영화관은 오로지 우리 자신만 미치게 만든다. 사실은 이렇다. 두려움과 걱정, 그리고 자기 회의는 우리와 항상 함께하는 감정이다. 그런데 이 감정들은 잠재적 위험 요소들에 대해 경고하며, 우리가 너무 서두르거나 충동적으로 행동하기 전에 그것에 대해 근본적으로 재고할 수 있게 하는 것이므로 실제로는 긍정적인 역할을 담당한다. 개인적으로 결정적인 전환점이 된 일은 '두려움을 동기로 행동하지 말 것'이라는 깨달음을 얻는 것이다. 마치 독재자와도 같은 두려움 앞에 굴복해서는 안 된다. 왜냐하면 그렇게 함으로써 급작스럽고 충동적인 조치를 취하게 되고, 그러면 대부분 원하는 결과를 얻지 못하기 때문이다.

그렇다면 구체적으로 무엇을 해야 할까? 경영진으로서 이 딜레마를 어떻게 풀어 나가야 하는 걸까? 최근의 강의에서 나는 다음과 같은 질문에 대답한 적이 있다. "당신의 팀은 리더인 당신이 갈 준비가 되어 있는 만큼, 딱 그만큼만 가고 있습니다." 내 경험에 따르면 우리는 항상 첫 발걸음을 내딛어 용감하게 본보기가 되어야 한다. 또한 사람들에게 한 걸음 다가서서 자신을 열어 보여야 한다. 그렇게 함으로써 상대방에게 그들 또한 열린 마음으로 서로를 대할 것을 장려하는 셈이기 때문이다. 나는 이와 같은 경험을 여러 차례 했다. 그리고 이것이 엄청나게 희망적인 관점이라고 생각한다. 우리가 직접 변화와 개선을 도모할 수 있는 기회를 열어 주기 때문이다. 경영진은 기업에 신뢰와 희망의 바람을 불어넣을 수 있는 사람들이다. 우리는 사람들이 새로운 경험을 하고 서로 조금씩 더 신뢰할 수 있도록 장을 조성하고 초대한다.

그러나 결국 모든 것은 자기 자신과 함께 시작된다. 스스로에 대한 자신감이 있고 희망적인 관점으로 미래를 바라볼 때 이 여정에서 직원들을 함께 데려갈 수 있으며, 어려운 상황이 와도 그들을 잘 붙들어 줄 수 있다. 자기에 대한 의심으로 흔들리는 사람은 좋은 선장이 될 수 없다.

멀리 보이는 한 줄기 희망: 자기 의심과 실패

이커머스 기업을 경영하는 기업가이자 온라인 비즈니스 코치인 파스칼 페이는 스스로에 대해 "나는 엘리트 기업가는 아니며, 경영을 전문적으로 공부한 사람도 아닙니다."라고 소개한다. 스물두 살의 나이에 독립하여 일찌감치 인터넷을 자신의 무대로 삼았지만 사업이 항상 순조롭게 진행되었던 것은 아니며, 회사가 심각하게 흔들린 시기도 있었다. 여러 해에 걸쳐 그는 성공을 손에 쥐기 위해 열심히 싸워야 했다. 최근에는 여러 세미나와 워크숍에서 훌륭한 강의를 함으로써 다른 기업가들에게 큰 격려와 귀감이 되고 있다. 그는 강의를 통해 위기에 지지 말고 스스로에 대한 믿음으로 극복해야 한다는 메시지를 던진다.

Q 지금까지 당신이 겪은 것 중 가장 큰 위기는 무엇이며, 어떻게 대응했습니까?

A 동업자 한 명과 함께 뷰티 살롱 체인 사업에 참여했던 적이 있었습

니다. 목표는 프랜차이즈 시스템을 통해 사업을 확장하는 것이었습니다. 정말 자비라고는 없다고 느껴질 만큼 많은 비용이 들어갔습니다. 당시 저는 스물일곱 살 애송이였지만, 스스로는 모든 것을 해낼 수 있고 모든 것을 알고 있다고 생각했습니다. 그때는 몰랐지만 차차 모든 것이 좋을 수만은 없고, 일이 늘 수월하게 굴러가는 것만은 아니라는 것을 배워야만 했을 때지요. 하지만 저는 오히려 그 반대였습니다. 그리고 갑자기 모든 게 너무 힘겨워지는 상황을 맞닥뜨리게 되었어요.

그러다 어느 시점에서는 모든 걸 포기하고 싶어졌어요. 저는 당시 사업 파트너에게 이렇게 말했습니다. "전혀 희망이 없어요. 이 미용실 체인 사업은 이제 접어야 할 것 같아요." 하지만 그는 받아들이지 않았습니다. "파스칼, 우리는 이 상황을 버텨 내야 해요!" 이 사람 말만 잘한다고 그때의 저는 생각했어요. 버텨야 한다고? 통장 잔고가 이미 텅텅 비어 버렸는데? 그러면서도 저는 어떻게든 버텼고, 그러다 보니 때가 되자 사업에는 진척이 있기 시작했습니다. 저에게는 매우 중요한 경험이었지요.

자세히 들여다보면, 많은 성공한 기업가들이 미친 듯한 역풍을 맞았던 시기가 있었음을 알 수 있습니다. 그들은 엄청난 규모의 돈 문제가 있었거나, 거의 파산까지 이르렀다거나, 심지어 여러 차례 파산했던 사람도 있지요. 그럼에도 불구하고 그들은 모두 반드시 방법이 있으리라는, 그리고 항상 새로운 내일이 기다리고 있을 것이라는 신뢰를 바탕에 두고 있었기 때문에 그 폭풍우를 견디며 결국에는 뚫고 나올 수 있었던 것이에요. 길은 끝나지 않고 계속되니까요!

Q 그동안 기업가로서 겪은 모든 경험을 통해 오늘날 좌절과 패배에 대해 과거와는 다른 태도를 가지게 되었습니까?

A 저는 저 자신을 학습자로 생각합니다. 지금의 저는 스스로에 대한 의심과 회의로 불면의 밤을 보내는 일이 얼마나 많은 돈을 벌었는지, 그리고 얼마나 많은 성공을 거두었는지와 상관없이 언제라도 다시 일어날 수 있다는 것을 잘 알고 있지요. 사업에 뛰어든 초반에는 "통장에 잔액이 X만큼 있다면, 회사 매출이 Y에 도달하면, 모든 걱정은 사라질 거야."라고 생각했습니다. 하지만 실제는 그렇지 않았어요. 적어도 저는 그랬죠. 다른 많은 기업가들과도 그에 관한 이야기를 나누어 보았는데 그들도 마찬가지라고 합니다. 실패와 좌절에 대해 우리는 그것을 있는 그대로 받아들이고 잘 처리할 수 있는 자신만의 방법을 찾아야 합니다.

Q 장애물과 좌절은 우리를 갉아먹습니다. 기업가로서뿐만 아니라 개인으로서도 마찬가지이죠. 어떤 일이 계획대로 진행되지 않고, 자꾸 자기 자신을 의심하게 된다면 구체적으로 어떻게 해야 할까요?

A 잘 진행되던 일이 어딘가에 걸려 지장이 생기면 그게 그렇게 신경이 쓰일 수가 없어요. 정말 제대로요. 어느 일요일이었어요. 가족들과 보내는 시간을 만끽하기로 되어 있는 날이었지요. 그런 때도 저는 종종 그 자리에 없는 허깨비같이 거기 앉아 있습니다. 아이들은 내 주변에서 놀고 있고 아내는 나에게 무어라 말을 건네고 있는데, 그중의 어느 하나도 제 머릿속에는 제대로 입력되지 않습니다. 그런 날이면 잠도 제대로 잘 수 없어요. 절망적이죠.

그런데 저는 이것이 단지 한때의 일일 뿐이라는 사실을 알고 있습니다. 그런 시기는 곧 지나갈 거예요. 그러나 그냥 기다리는 것으로는 넘어가지지 않습니다. 즉, 이 상황에서 벗어날 수 있는 대책을 적극적으로 찾아야 한다는 것입니다. 그럴 때 저는 백지 한 장을 가져와서 '나를 성공으로 이끌어 주는 것'에 대해 작성해 봅니다. 기본적으로 떠오르는 생각들을 적어 내려가는 것이지요. 제가 정한 규칙은 스무 가지 항목을 적는 것입니다. 누구나 열 가지에서 열두 가지까지는 수월하게 써 내려갈 수 있을 것입니다. 그렇지만 정말로 스무 가지 항목을 찾으려면 거의 고문과 같이 괴로운 시간을 보내야 할 겁니다. 그런 다음에 가장 중요하다고 생각되는 세 가지를 선택하여 그것을 실제로 실천합니다. 실천하는 데 단단히 집중합니다.

Q 어떤 상황을 외부에서 객관적으로 조망하는 것을 헬리콥터 관점이라고 하지요. 당신은 이 관점을 얻기 위해 어떤 일을 합니까?

A   감정적으로 깊이 가라앉았다가 그런 상태에서 다시 벗어나기란 쉽지 않습니다. 스스로에 대한 의심으로 밤중에 자다가 깰 때가 있는데, 그렇게 깨어서 보내는 시간은 정말 최악입니다. 그럴 때면 저는 정말로 나 자신이 이 행성에서 가장 한심한 패배자라고 생각합니다. 시간이 갈수록 상황은 점점 더 나빠지고, 머릿속 생각의 순환은 점점 더 빨라집니다. 어느 시점에 이르면 "제길, 이런 식이면 우리는 곧 집도 차도 잃게 될지 몰라. 그러면 다른 사람들은 그런 나를 어떻게 생각할까?"라고 생각하고 있다니까요. 정말 어처구니가 없지요.

제가 제안하는 전략은, 머릿속 생각에서 빠져나와 몸을 움직이라는 것입니다. 여러 가지 선택지가 있을 수 있겠습니다마는, 예를 들어 스포츠를 하는 것도 하나의 방법이 될 수 있겠지요. 운동은 대부분의 사람들에게 일반적으로 매우 긍정적인 효과를 가져다주리라고 생각합니다. 그렇지만 명상 같은 것도 괜찮지요. 요가에 이어 한다면 더 좋고요. 요가는 몸을 움직이는 동시에 머릿속이 차분해지도록 도와주는 신체 활동입니다. 그래야만 감정적으로 다시 헬리콥터 관점을 되찾고 위기에서 벗어날 방법을 찾을 수 있는 상태로 돌아올 수 있습니다.

Q   우리는 조금 전에 기업가로서 가지고 있는 원천적인 신뢰에 대해 이야기를 나누었습니다. 그것이 정확히 무엇을 의미합니까? 당신은 모든 일이 결국에는 잘될 것이라는 확신을 어디서 얻습니까? 어떻게

그것을 재발견할 수 있나요?

A 어떤 사람들이 자기 자신과 스스로 세운 계획에 대해 의구심을 가지게 되는 것을 이해할 수 있으며, 그들 중 일부가 중도에 포기한다는 것도 이해합니다. 정말이에요. 포기하지 않으려면 때로는 정말 미친 척 눈을 질끈 감아야 하는 때도 있어요, 그렇지 않나요?

거기에 더해 저는 매일 새로운 것들을 배우고 있습니다. 사업가로 오래 일해 온 사람이라면 점점 경험이라는 것이 쌓여 갑니다. 성공적인 프로젝트, 직접 만든 훌륭한 제품이나 서비스, 사업을 하며 얻은 큰 고객 등등이 그에 해당됩니다. 과거에 성공을 거둔 경험이 있다는 것은 물론 엄청난 도움이 됩니다. 그것이 당신이 했던 일이 옳았다는 증거이기 때문이지요.

다른 한편으로, 저는 개인적으로 '스스로 이유를 안다면 다른 모든 것은 별로 중요하지 않다!'라는 모토를 가지고 있습니다. 즉, 모든 것은 의미의 문제라는 것입니다. 왜 사람들은 때때로 이렇게 자갈로 가득한 험한 길에 들어서는 것일까요? 왜라는 질문에 대한 답은 우리 각자의 깊은 내면에 있습니다. 그리고 모두의 답은 다릅니다. 당신은 그 누구보다도 스스로를 위해 그 답을 발견해야 하며, 특히 어려운 시기를 지날 때 그것을 기억하고 다시 정리해야 합니다.

신뢰의 원천

나는 예술가나 기업가 중 흥미진진한 삶을 산 인물의 전기를 읽는 것을 매우 좋아한다. 지금까지 수백 권의 전기를 읽었을 정도다. 그 독서 경험에서 얻은 본질적인 통찰이 하나 있다. 인생에서 깊고 어두운 골짜기를 걷지 않아도 되는 사람은 없다는 것. 반대로 말하면, 스티브 잡스, 마하트마 간디, 넬슨 만델라와 같이 '영웅'으로서의 삶을 살았던 사람들의 인생을 오래 들여다볼수록 이들이 실패의 경험에서, 더 정확히는 그 뒤에 따르는 학습 과정을 통해 내면적으로 더 많이 성장함으로써 원래 내재되어 있던 잠재력을 활짝 펼칠 수 있었다는 것을 알 수 있다.

한 기업, 심지어는 한 국가 전체를 변화시키고 지울 수 없는 족적을 남긴 위대한 지도자들도 평범한 사람들이 갖는 두려움과 의구심을 가지고 있다는 점에서 우리와 다르지 않다. 그러나 이 인물들을 일반인과 구별하는 것은 그들이 마음속의 어두운 곳에 머물지 않았다는 것이다. 각기 다른 삶의 경로와 목적에도 불구하고, 이들은 비슷한 사고방식을 가지고 있었다. 여기에서 필수 요소였던 것은 바로 신뢰이다. 물론 타인에 대한 신뢰도 중요하지만 무엇보다도 자기 자신을 신뢰하는 것이 먼저다.

스티브 잡스는 지난 세기의 위대한 기업가 중 하나다. 그는 음악 산업, 애니메이션, 그리고 스마트폰 시장 등 전체 시장에서 혁명을 일으켰다. 그러나 그의 생애에는 많은 균열과 위기가 있었다. 1980년대 애플 사의 몇몇 프로젝트가 실패로 돌아간 이후 자신이 설립한 회사에서 방출되었다. 1990년대 들어서 그가 다시 복귀했을 때에는, 회사가 과연 다음 12개월 동안 버틸 수 있을지조차 불분명한 상태였다. 모든 상황들이 회사에 불리하게 돌아가고 있었다. 애플에서 일하지 않았던 시기에 그는 새로운 회사인 픽사를 세워 컴퓨터 애니메이션을 통해 영화 산업을 완전히 바꿔 놓았다. 그리고 결국 애플을 구해 애플 신화에 새로운 숨을 불어넣었다. 그에 관한 영화나 책(본인에게 승인받은 것이든 그렇지 않든)을 통해서 우리는 외부자의 시선으로 스티브 잡스의 화려한 경력 이면에서 그와 주변 사람들 사이에 일어났던 일들을 보고 듣는다. 자기 회의와 절망으로 얼룩진 이야기들이다. 처음으로 아이폰을 대중에 공개하기 6주 전에 열린 회의에서, 그가 "우리는 보여 줄 수 있는 제품이 아무것도 없다!"고 소리쳤다는 일화는 유명하다. 그러나 그는 결코 멈추지 않았고 결코 포기하지도 않았다.

제2차 세계 대전을 치르는 동안 조국을 이끌어야 했던 영국 총리 윈스턴 처칠 또한 좋은 사례이다. 노르망디 상륙 작전을 결정하는 과정을 그린 그에 관한 영화의 제목이 '다키스트 아워Darkest Hour'라고 지어진 데는 물론 이유가 없지 않다.

이 영화는 한순간의 잘못된 결정이 수만 명, 아니, 사실은 수십만 명에 달하는 무고한 사람들의 목숨을 좌우할 수 있다는 것을 잘 알기 때문에 내면이 갈기갈기 찢어지는 고뇌를 느끼는 한 정치인의 초상을 보여 준다. 결정이 쉬웠을까? 분명히 그렇지 않았을 것이다. 그렇지만 그는 다른 많은 위대한 인물들과 마찬가지로 자신의 판단을 신뢰했으며, 자기 의심과 부정적인 생각에 굴복하지 않았다.

> 믿음이 충분하지 않은 사람은 자신감을 얻지 못할 것이다.
> __노자

자신감

자신을 신뢰한다는 것은, 무엇보다도 어려움을 겪는 시기에 행동의 기반으로 삼을 수 있을 만한 힘을 자신의 내면 깊숙한 곳에서 거듭 발견할 수 있음을 의미한다. 나에게 자신감이란 이미 해냈던 기억, 목표에 도달했던 기억에서 비롯되기도 한다.

우리는 기업의 경영진으로서 다른 사람을 신뢰하고 또 그들이 그 신뢰에 호응하여 우리를 신뢰할 수 있게 되기 전에 먼저 자기 자신을 신뢰할 필요가 있다. 어려운 시기가 왔을 때 경험이 풍부한 경영자가 든든하게 곁을 지켜 주며 함께 그 시간을 통과하는 것보다 더 편안하고 안심되는 일은 없다. 이러한 사람은 발밑의 땅이 조금씩 흔들리기 시작한다고 해서 곧바로 당황하여 허둥지둥대지 않기 때문이다. 그런 이유로 나는 경영자가 갖추어야 할 덕목을 나열한 목록에서 자신감을 꽤나 높은 순위 안에 두고 있다. 개인적으로는 그러나, 나는 훌륭한 경영자가 꼭 타고나는 것만은 아니라고 생각한다. 지난 수십 년 동안 내가 경험한 바에 따르면 리더는 대부분 실제 생활에서의 경험에 의해 '만들어진다.' 그리고 이렇게 경영자가 되어 가는 과정에는 어려운 상황에 직면하더라도 성공적으로 생존하고, 떳떳한 한 사람으로 성장하는 일도 포함된다.

낙천주의

판매가 저조하여 매출이 손실로 돌아서고 잔고가 텅텅 비어 버렸을 때, 다시 앞으로 나아가기 위하여 자기 자신을 비롯한 다른 사람들의 다음 행보를 신뢰하려면 많은 용기가 필요하다. 이럴 때, 상황을 실제보다 더 나쁘거나 혹은 더 나은 것처럼 보지 않도록 주의해야 한다. 사실을 직시하지 않으면 우리 자신과 다른 사람들에게 거짓을 전시하는 결과로 이어질 수 있기 때문이다. 나는 매우 낙관적인 사람이지만, 많은 곳에서 보이는 것처럼 과도하게 긍정적인 사고를 하는 것만으로는 아무것도 시작할 수 없다. 이런 사고방식은 정치 분야든 회사에서든, 모든 곳에서 만날 수 있다. 급진적인 변화가 있을 때, 예를 들면 이즈음의 디지털화의 영향과 같은 급진적 변화가 있을 때, 사회 모든 부분에서 이러한 형태의 미화 경향이 동일하게 나타난다.

내 견해로는 과도하게 긍정적인 생각에는 항상 다소 반대급부의 생각이 숨겨져 있는 것 같다(2장 참조). 오로지 자기 자신과 다른 사람들을 설득하기 위해서 현실은 전혀 그렇지 않은데도 현재 상황이 좋다고 눈가림하는 것은 아무런 의미가 없는 일이다. 위기를 헤쳐 나가기 위해 실제로 필요한 것은 현재 상황에 대한 명확한 분석이다. 현명한 지도자는 유리컵을 있는 그대로 바라본다. 그 컵이 가득 차 있지 않다면 굳이 그것이 가득 차 있다고 팀원들을 설득시키고자 하지 않는다. 물론 팀원들은 끊임없이 사탄을 벽에 그려 대며 모든 희망을 짓밟는 비관적인 설교자 또한 필요로 하지 않는다. 그렇지만 동시에 장밋빛 필터를 장착하고 새로운 장애물이 나타날 때마다 "아자 아자, 우리는 할 수 있다!"라고 외치며 동기 부여를 하려고 하는 광신도적인 지도자는 더욱더 필요가 없다. 무엇보다도 관리자는 현실적인 관점에서 위기 상황을 가감 없이 평가하여 팀원들에게 가능한 모든 옵션을 제시하고, 함께 해결책을 마련하기 위해 노력해야 한다.

상호 신뢰

신뢰의 측면을 살펴보고자 할 때 계속해서 맞닥뜨리는 커다란 오해
가 있다. 우리는 주변을 둘러싸고 있는 사람들이 우리의 신뢰를 얻
을 자격이 있어야 한다고 믿는다. 이 주장은 처음에는 매우 논리적
으로 들린다. 누군가를 신뢰하게 되기 이전에, 그 누군가는 자신이
신뢰를 얻을 만한 사람임을 증명해야 한다는 것이다. 다른 사람을
신뢰하게 되는 과정에서 똑똑, 하고 문을 두드려 봄으로써 보다 조
심스러운 접근을 해야 한다는 뜻이다.

　일반적으로 신뢰에 대해 이렇게 생각하는 것은 이해할 만한 일이
다. 그리고 이미 언급했듯이 이것은 처음 들으면 굉장히 일관되고
합리적인 것 같다. 그런데 문제는 이러한 기준이 항상 100% 안전
한 결과를 보장할 수 없다는 것이다. 예를 들어 누군가가 배우자와
20년 동안 행복하게 살았다고 해서 다음 해에도, 또 그다음 해에도

행복이 자동으로 유지될 것임을 의미하지는 않는다. 그러기를 바랄 수 있을 뿐이다. 현재의 상태로 미루어 미래의 패턴을 추론한다는 것이 핵심일 수는 있지만, 어쨌든 그것은 실제 현실을 보는 매우 제한된 시각일 뿐이다.

특히나 고통스러운 경험을 했을 때, 예컨대 믿었던 사람이 우리의 신뢰를 이용한 뒤에 참담하게 배신했을 때, 우리는 다음과 같이 되뇌곤 한다. "이제부터는 특별히 더 조심해야 해. 사람을 믿기로 결정하기 전에, 일어나는 일들을 주의 깊게 봐야지." 우리는 신뢰가 깨져 또다시 실망하게 될까 봐, 새로이 고통스러워하게 될까 봐 매우 두려워한다. 이러한 두려움은 우리가 관계를 확실히 통제할 수 있다는 확신을 얻기 위해 필사적으로 노력하게 만든다. 하지만 이 노력 때문에 관계의 당사자들은 상대에 대한 신뢰를 점점 더 잃어 가는 악순환의 고리를 형성한다. 두려움 때문에 관계를 가로막는 문을 점점 더 두텁게 만드는 셈인데, 이는 주변인도 모두 느낄 수 있다. 우리가 사실 그들을 근본적으로 믿지 않는다는 것을 감지하는 것이다. 그리고 이들 또한 마음의 문을 굳게 닫는 것으로 불신을 예방하려 할 것이다. 이는 회사 내에서뿐만 아니라 개인적인 삶에서도 마찬가지로 적용된다. 그러나 이렇게 되면 상호 신뢰를 바탕으로 한 관계를 위한 매우 중요한 채널을 차단하는 것과 다름없어진다는 게 내 생각이다.

먼저 신뢰 표현하기

———

종종 사람들은 강연 중에 내가 다른 사람에 대해 가진 신뢰가 실망으로 이어지는 일은 한 번도 없었는지 묻는다. 확실히 말할 수 있는 것은 오랜 기간에 걸쳐 실망은 반복되고 또 반복되었다는 것이다. 그것이 삶이 흘러가는 방식이다. 돈 문제도 있었고, 절도나 횡령까지 이어진 적도 있었고, 비밀이 원치 않게 폭로된 적도 있었다. 그렇지만 나는 이미 오래전 개별적인 한 사람 한 사람의 이런 과오들이 팀원들 전체를 의심의 눈초리로 바라볼 이유가 되지는 않는다는 사실을 깨달았다. 신뢰가 깨어지는 순간의 쓰라림이 크면 클수록 나는 불신의 대가가 너무 크다는, 그리고 꾸준히 상승해 온 관계를 통제하려는 의도가 너무 지나친 수준에 달했다는 결론에 이를 수밖에 없었다.

신뢰는 항구성 속에서 구축된다.

_링컨 차피

나는 그럴 때를 오히려 팀 내에서 상호 신뢰에 관한 논의가 펼쳐지도록 장려하는 기회로 삼으려 한다. 바네사 베버는 인간에 대해 이렇게 이야기했다. "내가 보기에는 모든 사람들이 선한 것 같고, 누군가가 나에게서 무엇을 고의로 앗아 가려 한다든지 나쁘게 대하고 싶어 한다는 것을 상상할 수 없어요." 그리고 다음과 같이 덧붙였다. "하지만 다 겪어 본 일 아닌가요. 상대를 신뢰하기로 결정했을 때라도, 늘 그 신뢰에 보답을 받았던 건 아니에요." 그런 실망의 경험에도 불구하고 그녀의 긍정적인 시각은 흔들리지 않았다.

물론 신뢰에는 대가가 있다. 특정한 문제를 해결하는 데 있어서 전적으로 신뢰했던 직원이 기대에 부응하지 못하고 처참하게 실패할 수도 있다. 하지만 통제 또한 비싼 값을 치러야 하고, 번거로운 선택지이다.

과도한 통제는 어떤 형태로는 팀원들에게 분명한 신호가 된다. "당신을 믿지 않는다. 당신이 스스로 문제를 해결할 수 있다고 신뢰하지 않는다!" 반면 상호 신뢰는 협력을 가속시킨다. 한 사람은 다른 사람이 자기에게 부여된 임무를 충분히 수행할 수 있다는 것을 알고, 그래서 자신의 일에 더욱 집중할 수 있다. 특히 몰아치는 폭풍우와 같은 위기 상황에서는 신속하고 효과적으로 행동하는 것이 중요하다. 그렇게 과도한 통제로 형성된 구조를 제거하고 사람들을 신뢰함으로써, 현명하고 사려 깊고 상황에 맞춰 적절히 행동하도록 하는 데 도움이 될 수 있다.

기초 공사

누군가에게 신뢰를 가질 때, 꼭 그 주체가 순진하다는 의미는 아니다. 오히려 그것은 명징한 의식으로 무슨 일이 일어난 것인지, 혹은 앞으로 일어날 수 있는지 분석한다는 뜻이다. 늘 깨어서, 그리고 솔직하게 다른 사람들을 바라보고 있다는 의미이기도 하다. 또한 우리 자신을 관찰하여 혹시 행동의 동기가 기만당할지 모른다는 두려움에 사로잡혀 있는 것이 아닌지 감지한다는 말이다. 가슴에 손을 얹고 생각해 보자. 당신의 인생을 돌아볼 때, 누군가에게 가졌던 신뢰가 실망으로 변했다고 말할 수 있을 만한 경험이 있는가? 그런 다음 정말 솔직하게 다음의 질문에 답해 보자. "그 상황에서 당신의 신뢰가 이용당하는 것을 정말로 막을 수 없었는가?"

예를 들어 나는 언젠가 부부 관계 워크숍에 참가했던 적이 있었다. 코치는 참가자 중에서 특히 한 부부와 활발하게 소통했는데, 남편이 다른 여자와 관계를 가지고 있다는 것이 막 드러난 참이라고 했다. 워낙에 극단적으로 질투심이 많은 아내는 여러 해 동안 남편의 일거수일투족을 감시했다. 그럼에도 불구하고 남편은 바람을 피웠고, 아내는 그것을 알아채지 못했다. 그녀가 더욱 강하게 통제했다면 과연 이렇게 되어 버리는 것을 막을 수 있었을까? 내 생각에는 그렇지 않았을 것 같다.

두려움에 기반을 둔 통제는 우리의 삶을 복잡하게 만들고, 팀원들이 서로 간에 신뢰할 수 있는 진실한 유대를 형성하지 못하게 한다. 기업의 리더는 직원들 간 상호 신뢰를 장려하는 문화를 조성함으로써 이 두려움과 통제로 이루어진 악순환을 깰 수 있다. 이를 위해서는 경영진들에게 많은 용기가 요구된다. 바로 그들이 첫 발걸음을 내디뎌야 하고 팀과 각 개인을 신뢰한다는 명확한 신호를 보내야 하기 때문이다. 이것은 결코 쉬운 일이 아니다. 새로운 책임의 영역에서 뭔가를 변화시키고자 하는 시도가 얼마나 버거운 일인지는 나 자신의 경험에서 알 수 있다. 오래된 관습을 깨뜨리고, 새로운 사고와 행동 방식을 확립하고, 다양한 감정과 여러 가지 갈등을 주체적으로 다룰 수 있어야 한다. 이러한 점은 한 기업의 경영자로서의 나 개인에게도 늘 커다란 도전이 되어 왔다.

그러나 이미 오랫동안 서로 신뢰하지 않는 상호 관계를 지속한 후에는 사실 다른 사람들이 뛸 듯이 기뻐하며 "좋아, 이제 우리는 서로를 무조건적으로 믿으며 최상의 결과를 위해 함께 일할 수 있어!"라고 말하게 되는 상황은 기대하기 어렵다. 월요일 아침에 상사가 그렇게 하기로 결정을 내렸다고 통보해 왔기 때문에 이제부터 내가 속한 팀을 신뢰해야 한다? 이런 방식으로 직원들이 그동안의 행동 양식을 즉시 바꾸어 협조적인 태도를 취하는 것은 아니다.

나는 강연이나 워크숍에 내 강의를 들으러 온 경영진들과 청중에게 하룻밤 사이에 신뢰를 기반으로 하는 기업 문화로 변화하지 않는다는 사실을 항상 명확하게 밝히려고 노력한다. 그 어떤 문화도 손가락 한 번 튕긴다고 변화하지는 않으니까 말이다. 하지만 사람들은 어떤 시도든 신속하게 성공하기를 바라는 경향이 있다. 경험에 의하면 이 변화의 과정은 긴 호흡으로 바라보아야 한다. 나는 개인적으로 1년에서 2년에 걸친 시간이 신뢰의 문화를 확립하고 정착시키는 현실적인 기간이라고 생각한다. 우리 회사가 그다지 빠르지는 않았을지 모르지만, 함께 일하는 사람들과 그들의 개인적인 경험에 주목하고 그것을 존중하는 법을 배웠다.

돌보고 챙겨 주기

그렇게 다져 놓은 신뢰의 기반을 영구적으로 유지하는 것도 매우 까다로운 일이다. 혼란이나 위기가 찾아왔을 때에는 특별한 전략을 사용해야 한다. 그러한 순간에는 놀라운 속도로 변화하는 것이 가능해진다. 물론 두 가지 방향으로의 변화가 모두 있을 수 있다. 위기를 마주했을 때 보일 수 있는 잘못된 반응, 즉 불신과 통제는 팀 내에서 형성된 문화와 소속감을 파괴한다.

어린 시절 우리는 부모님을 바라보며 단 한 가지 질문이 살아남는 데에 매우 중요하다는 사실을 절감했을 것이다. 엄마, 아빠는 상황이 별로 좋지 않게 전개될 때 어떤 반응을 보일 것인가? 학교에서 최하점의 시험 성적을 받거나 아니면 성적이 전혀 오르질 않는다면?

선생님과 문제가 있다면? 어린아이에게는 사실 이런 질문들이 크리스마스이브에 받을 선물보다 훨씬 더 중요한 질문이다. 발밑의 땅이 꺼질 듯 흔들릴 때 부모님이 분명 나를 위해 함께 있어 줄 것이라는 믿음이 없다면, 아무리 호화스러운 생일 잔치의 주인공이라도 제대로 즐길 수 없다.

신뢰가 있다면, 말은 필요 없다.
_ 베르톨트 마이어

한 회사의 직원으로서 회사와 함께 성장할 때도 마찬가지이다. 그런 이유로 아버지는 점차 자라나는 신뢰를 식물의 성장에 비교하는 것을 좋아하셨다. 씨앗을 뿌리고 규칙적으로 물을 주면 보드라운 싹이 나오고 점점 자란다. 그렇지만 제대로 주의를 기울이지 않고 싹을 밟기라도 한다면 최악의 경우 모든 과정을 처음부터 다시 시작해야 할 수도 있다. "선행되어야 할 것은 신뢰의 기초를 쌓는 일이야. 사람들을 이끈다는 것은 다른 사람들보다 앞장서고, 선행하고, 그리고 특히나 위험한 지점에서도 가장 선두에 있어야 하는 것을 뜻한다. 어찌 보면 이것이 가장 결정적이지." 아버지는 이렇게 강조하셨다. "신뢰는 누군가에게 위임하거나 일방적으로 지시할 수 없거든. 사람들을 대하는 방식과 어떻게 이끄는가에 따라 자연적으로 발생하는 것이야. 우리는 일이 문제없이 진행될 때 찬사를 보내는 것뿐만 아니라 내리막길에 접어들었을 때도 곁을 지키며 확신으로 '우리가 함께라면 이 위기도 극복해 낼 수 있어. 늘 잘해 왔잖아!'라고 말하는 사람들을 반드시 신뢰해야 한단다. 이 모든 것을 종합하여 성공을 위한 레시피를 만들겠다는 의지로 자세하게 묘사하거나 기록하는 것은 엄청나게 어려운 일인 것 같구나. 너무 많은 측면들이 고려되어야 하기 때문이지. 그렇지만 앞장서는 사람이 누구인가는 결정적이야. 그 사람이 일을 해내고 사람들의 신뢰를 얻을 수 있을까? 아니면 결국에 공허한 문장들만 남아 있게 될까?"

현재 우리의 행동은 과거 경험에 의해 좌우되는 경우가 많다. 경영진이 나의 실수나 실패에 어떻게 반응했는지 같은 경험을 사람들이 얼마나 오랫동안 기억하는지 정말 흥미롭게 느껴질 정도이다. 그리고 때로는 위기 상황에서 잘못된 반응을 보였던 과거를 직원들의 기억에서 지우는 데 몇 년씩 걸리기도 한다.

변화에 대한 요구

우리 회사의 한 부서에서는 오래전부터 직원들 개인이 혼자서 결정할 수 있는 것이 아무것도 없으며 상사가 모든 것을 규제한다고 불평해 왔다. 그러나 이렇게 말하는 것과는 상반되게 시간이 지남에 따라 그 부서의 직원들은 안정적으로 자리를 잡고 편하게 일하게 되었다. 자기 책임을 윗사람에게 넘겨 버릴 수 있다면 당연히 인생은 엄청나게 수월해질 것이다. 그렇게 이미 굳어진 패턴을 깨기 위해서는 많은 주의를 기울여야 하고, 긴 시간 인내해야 하며, 수없이 대화해야 한다. 앞서 언급한 우리 회사의 경우에도 마찬가지였다. 모든 구성원들에게 감정적인 스트레스를 주는 상황은 궁극적으로 회사의 안위에도 득될 것이 하나도 없다.

사람들이 원한다고 말하는 것과 실제로 원하는 것 사이에는 때때로 차이가 있다. 그리고 몹시 안타깝게도 오래 실행해 온 패턴을 깨기 위해서 꼭 거쳐야 하는 과정들을 적어 놓은 체크 리스트 같은 것이 절대 존재할 수 없다는 사실을 우리는 경험으로 알고 있다.

변화에는 시간이 필요하고, 사람들에게 거듭 새로운 경험을 함께하자고 권유할 수 있는 경영자의 인내심과 직감이 있어야 한다. "일정하게 떨어지는 물방울이 돌을 뚫는다."라는 격언도 있다. 라토플렉스의 마케팅부 책임자인 미농 라토쉰스키는 스스로 변화하는 것이든, 아니면 그녀 주변이 변화하는 것이든 변화란 '멋진' 것이라고 생각한다고 말한다. "그게 바로 삶의 속성인 것 같아요." 개인적으로는 수십 년 동안 회사에서 하는 일에 아무런 변화가 없다면, 그것이 훨씬 더 무섭고 끔찍한 일이라고 그녀는 상상해 본다. 그럼에도 불구하고 한 부서를 지휘하는 리더로서 그녀는 변화를 결코 가볍게 생각하지 않는다. "변화는 커다란 도전입니다. 사람들의 말에 귀를 기울이고, 그들이 두려워하는 것이 무엇인지 깨닫고, 그것을 진지하게

받아들이고, 그러면서도 변화를 선택하는 것은 정말 어려운 도전이

지요. 그리고 그 길에서 사람들을 도태시키지 않고 새로운 무언가를

향해 함께 나아가도록 챙기고 격려하는 것도요."

신뢰하며 일하기

사람들이 너무 지나친 관료주의—통제의 한 형태에 속한다—에 격앙된 반응을 보인다는 것은, 일의 과정과 절차가 원래 그래야 하는 것보다 더 복잡하다는 의미다. 여러 번 안전장치를 심어 놓고, 수없이 서명을 받거나 회의 프로토콜을 여기저기 배포해야 한다. 보통 우리는 어느 정도면 유용성의 한계가 초과되는지 어느 시점에 명확히 통제의 사인을 나타내는지에 대해 매우 잘 이해하는 세심한 직감을 가지고 있다. 그럼에도 불구하고 관료주의는 어디에나 있다. 나는 그렇게 아무 의미도, 이유도 없이 우리 삶을 복잡하게만 만드는 구조가 어떻게 형성되는지 궁금해지고는 했다. 일단 이런 구조를 형성한 후 통제는 더 이상 목적을 잘 이행하기 위한 필요조건은 아니다. 그렇지만 관료주의는 그때부터 스스로 생명을 얻기 시작한다.

모든 관료주의적 구조의 기초를 불신이 담당하고 있을 때가 많다. 통제하지 않을 때 사람들이 무조건 남을 속이려 든다는 것은 잘못된 생각이다. 그런 이유로, 과도한 관료주의에 대한 가장 효과적인 해결책이 신뢰라는 지적은 논리적인 흐름이다. 불필요한 통제 조치는 꽤 많은 영역에 포진하고 있으며, 상징적인 행위로서 그런 조치들을 폐지할 수 있다. 예를 들어 라토플렉스에서는 각 부서 내에서 알아서 휴가 일정을 조율한다. 나는 경영자로서 각 팀이 최선의 선택으로 회사의 이익까지 고려하여 행동하며 상호

간에 동의를 이끌어 낼 수 있을 것이라는 점을 신뢰한다. 초과 근무라든지 또는 다른 '승인이 필요한' 활동들에 대해서도 마찬가지다. 이것이 직원들에게 분명하게 신뢰의 신호를 보내는 나의 개인적인 방법이다. 그리고 그렇게 함으로써 우리는 형식상의 서류 처리에 들어가는 시간과 에너지를 꽤나 많이 아낄 수 있다.

신뢰와 기대

1990년대 초에 우리 회사는 컴퓨터로 지원되는 완전히 새로운 유형의 설계 소프트웨어를 출시할 계획이었다. 집중적인 사용자 교육이 필요한, 전문가만 다룰 수 있는 도구였다. 지금까지 우리는 거의 항상 제도판을 앞에 두고 일했다. 컴퓨터 소프트웨어로의 전환은 우리에게 완전히 새로운 것이었기 때문에 회사 내에 새로운 직책도 신설했다. 이 새로운 직책을 맡을 수 있는 사람들은 극소수뿐이었는데, 그래도 그런 사람들이 있다는 것을 알고 있었기 때문에 내부적으로 공고를 냈다.

놀랍게도 기계실에서 일하는 직원이 그 자리에 지원했는데, 그는 우리 회사에서 기술직 견습생 생활을 마치고 계열사에서 일하게 되었던 사람이었다. 당황스러웠던 것은 우리가 공고에 해당 업무를 위해서는 컴퓨터와 설계 소프트웨어를 매우 능숙하게 다룰 수 있어야 한다고 명시했기 때문이었다. 안타깝게도 이 지원자는 인문계 고등학교를 졸업하지도 않았고 관련 학과를 졸업한 대학 학위가 있는 것도 아니었다. 우리는 사실 이것이 이 직무를 수행하는 데 필요한 기초적인 자격 중 하나라고 생각했었다.

경영진이 모인 자리에서 그의 지원서를 두고 활발한 토론이 벌어졌던 것을 기억한다. 회의적인 시각으로 이 지원자의 해당 업무 수행 능력을 신뢰하지 않는 임원진들도 있었다.

그렇지만 나는 예전에 그가 견습생 생활을 할 때 곁에서 직접 지켜본 적이 있었기 때문에 기술 작업의 설계 및 구현에서 탁월한 능력을 보여 줄 수 있음을 알고 있었다. 그러므로 나는 그가 이 새로운 임무를 훌륭하게 습득할 것이라는 확신을 가지고 있었고, 다른 많은 사람들도 이러한 평가에 공감했다. 그는 확실히 잠재력이 있었고 누구보다 강력한 동기를 가지고 있었다. 결국 우리는 그에게 새로운 직책을 맡기기로 결정하여 교육 기관으로 보냈다.

외부에서 바라볼 때 우리가 감행한 것은 어쩌면 위험한 움직임이었을지도 모른다. 적지 않은 기업들, 특히 덩치가 큰 대기업에서는 이런 일이 일어날 가능성조차 전혀 없다는 것도 알고 있다. 그런 기업들에서는 특정 직책을 공고로 낼 때 내부적으로 매우 확실하고 논란의 여지가 없는 기준(최소한 매우 훌륭한 성적으로 이수한 기계 공학 전공의 학사 졸업장 등)을 제시할 것이다. 이에 해당하는 사전 지식이 없는 지원자는 아마 가차 없이 걸러져 시도해 볼 기회조차 얻지 못했으리라고 생각한다.

어쨌든 우리가 그 지원자에게 선물한 신뢰는 그 이상의 가치를 창출하는 보답으로 돌아왔다. 그때로부터 거의 20년이 지난 오늘날, 그때 그 직원은 모든 형태의 전동 베드 및 메탈 구조 베드를 다루는 최고의 설계자이자 전문가로 우뚝 섰다. 나는 그의 직업적인 발전을 지켜보았을 뿐만 아니라 오랜 세월 동안 사람 대 사람으로 즐겁게 교류해 왔다. 이와 같은 사례들은 내가 다른 사람들을 진심으로 신뢰할 수 있도록 격려한다.

나에게 이 에피소드는 우리 회사의 문화를 대표하는 이야기가 되었다. 그리고 나는 다른 경영진들이 직원들을 신뢰하고 더 많이 기대하도록 용기를 주어야 할 필요가 있을 때마다 이 이야기를 거듭 언급하곤 한다.

지각 변동 감지

회사 내의 일상적인 생활에서뿐만 아니라 위기 상황에서도 경영진은 각각 얼마나 많은 통제력과 얼마나 많은 자유가 필요한지 판단할 수 있어야 한다. 필요는 물론 팀 내에서도 개인마다 개별적으로 다를 수 있다. 어쨌든 팀원들 각자에 대한 느낌을 기르는 것은 분명 도움이 된다. 각자 어떤 속도로 업무에 임하며, 개개인에게 얼마나 기대할 수 있는지 알아야 한다. 때로는 확실한 결정을 내릴 필요가 있으며, 때로는 조금 물러서 있는 것이 좋다. 이때 고정된 규칙은 없다. 상대가 배우자든 친구든, 동료든 부하 직원이든 상관없이, 우리는 상대방이 도움이나 조언을 필요로 할 때와 조용히 내버려 둬 주었으면 하는 때를 본능적으로 감지한다.

최근에 참가했던 경영인 포럼에서 프레젠테이션을 하게 되었는데, 강연이 끝나고 이어진 질의응답 시간에 누군가가 나에게 회사 운영의 목표가 무엇인지 물었다. 내 대답은 다음과 같았다. "저는 일하는 사람들이 편안함을 느끼고 오직 긍정적인 생각만 할 수 있는 회사를 원합니다." 이 대답이 너무 순진하게 들렸을 것이라는 사실을 인정한다. 물론 회사를 운영하다 보면 함께 일하는 사람들이 서로 논쟁만 하고 전혀 진전이 없는 날도 있을 것을 잘 알고 있다. 그러나 우리가 이러한 목표를 가지고 있다면 신뢰와 기대 사이의 적절한 균형을 찾는 것이 더 수월해진다고 생각한다. 앞에서도 수차례 언급한 너무 많거나 너무 적은 통제 사이에서 이루는 완벽한 균형 말이다. 이것을 골프 경기와 비교할 수도 있을 것이다. 골프채를 너무 세게 쥐는 사람은 사실상 성공적인 샷을 날릴 기회가 거의 없다. 그러나 클럽을 너무 느슨하게 쥐는 사람 또한 공을 제대로 칠 수 없다. 골프 경기에 성공적으로 임할 수 있는 비결은 꽉 쥐는 그립과 느슨하게 쥐는 그립 사이의 균형이라고 할 수 있다. 그리고 이것은 한 기업을 이끄는 것에 관해 내가 그릴 수 있는 완벽한 그림이다.

자유가 주는 부담

몇 년 전까지 직원들의 동기 부여에 관한 강연을 진행할 때 반드시 포함시켰던 슬라이드가 있다. 이 슬라이드는 늘 경영 스타일에 관해 활발한 토론을 이끌어 냈다. 슬라이드에는 침팬지 사진을 띄우고 다음과 같은 글귀를 함께 적었다. "관심을 가지는 침팬지를 위해 마련된 구조는 잘 훈련된 침팬지를 만든다!" 바로 이것이 나의 의견이다. 기업가이자 관리자로서 나는 직원들을 허락 없이는 숨도 쉴 수 없는 통제적인 분위기로 관리하면서, 동시에 그들이 자율적으로 행동하지 않으며 또 독창적인 아이디어를 가지고 있지 않다고 불평할 수는 없다.

나는 항상 내가 이끄는 팀의 팀원들이 높은 수준의 상호 존중감과 신뢰를 갖기를 바랐다. 동료와 윗사람을 신뢰한다는 의미는 모든 사람이 매번 따로 안전장치를 거치지 않고도 내면에서 느끼는 대로 행동할 수 있음을 의미한다. 그러나 새로운 자유에 관해서 모든 사람은 그것을 어떻게 다루어야 하는지 방법을 배워야 한다. 이 점에서 우리는 모두 '정신 분열증'적 징후를 보이고 있다고 생각한다. 우리는 자유를 원한다. 마침내 그것을 가지게 될 때까지는 말이다.

특히나 팀에 새로 들어온 직원들은 모든 사소한 의문까지도 나에게 확인받고 싶어 한다. 그렇게 하는 동기 중에는 물론 스스로 책임질 일을 안 만들고 싶다는 희망도 있으며, 또 초반에 잘못을 저지르고 문제를 일으켜서 다른 사람들의 화를 살지도 모르는 상황에 대한 두려움도 있다. 그래서 문제를 남에게 위임하는 것이다. 아니, 더 나은 표현이 있다. 그래서 문제를 남에게 위임하려고 시도하는 것이다. 한편으로 누군가 내 도움을 원하거나 나에게 조언을 구하는 상황이 나를 우쭐하게 하는 것도 사실이다. 그러나 수년간의 경험에 의해 나는 가능하면 그러한 사소한 질문들에 정답을 알려 주지 않고 대신 직원에게 그 문제를 스스로 해결할 수 있도록 기회를 주는 것이 더 낫다는 판단을 하게 되었다.

물론 우리 모두는 자신이 어디엔가 꼭 필요한 사람이기를 바란다. 그래서 많은 이들은 매일같이 자신이 얼마나 대체 불가능한 사람인지 확인받고 싶어서 안달복달한다. 그러한 태도로 인해 경영진들은 종종 자신도 모르는 사이에 회사 내의 신뢰 문화를 파괴한다. 문제가 발생할 아주 작은 징조라도 보이면 그들은 소방관처럼 침투하여 '세상을 구원한다.' 특히 이상적인 순간은 직원들을 안심시킬 수 있는 위기의 순간이다. "잘하고 있어요. 당신이 해낼 수 있다는 것을 믿어요!" 지금까지의 경험으로는 사람들은 그러한 상황에서 자신이 실제로 가지고 있는 능력치를 모두 발휘하여 활짝 꽃피운다. 따라서 직원들을 성장시키고 싶다면, 특히나 일이 원활하게 흘러가지 않을 때에 그 일을 맡은 직원의 어깨를 두드려 신뢰의 뜻을 전하며 그가 자신의 일을 하도록 놓아두는 편이 좋다.

에고를 거스르며

그렇게 한다는 것은 기본적으로 한 기업의 대표로서 나 자신을 잉여 인력으로 만들기 위해 최선의 노력을 다해야 한다는 것을 의미하는 셈이기도 하다. 그렇기 때문에 때때로 자존심이 상한다는 것이 어려운 점이다. 솔직히 인정하자면 그렇다는 말이다. 앞에서도 거듭 언급했듯이 여름휴가를 마치고 돌아온 후나 잠시 자리를 비운 뒤 복귀해서 나의 부재중에도 팀이 모든 것을 훌륭하게 통제하고 업무에 아무런 차질을 빚지 않았음을 깨달은 적이 여러 번이다. 그런 경험을 한 사람이 결코 나 혼자만은 아닐 것이다.

바네사 베버는 총 9주간 회사를 쉬었을 때의 비슷한 경험에 대해 이야기해 주었다. "지금의 업무를 인계받은 후 첫 3년 동안 나는 스스로에게 단 하루도 휴가 등으로 쉬는 것을 허용하지 않았어요. 어느 시점에선가 이렇게 가다간 결국 번아웃 상태에 빠져 버릴 수밖에 없겠다는 것을 깨달았고, 그때서야 전원 코드를 뽑자고 결심했지요. 내가 스스로를 돌보지 않으면 곧 엄청난 충격이 닥쳐올 것이며 그런 상황은 결국 그 누구에게도 도움이 되지 않을 것임을 알게 되었어요."라고 그녀는 당시 내렸던 중요한 결정의 계기를 설명했다.

물론 팀 전체가 합심하여 그녀의 부재 시를 준비했다. 휴직 1년 전 이미 모두에게 그녀의 결정을 공지했다. 이 12개월 동안 바네사 베버는 자신이 전담하던 일의 책임을 점진적으로 다른 팀원들에게 할

당하는 것에 집중했다. 혹시 휴직 도중 다시 돌아오고 싶은 충동이 드는 것을 피하기 위해 의도적으로 아예 연락이 어렵고 전화 통화를 하기에도 비용 부담이 매우 큰 크루즈 여행을 하기로 했다. "당연히 초반에는 계속 긴장 상태로 회사 상황을 궁금해 하기만 했어요." 그녀가 인정했다. "자꾸 팀의 이 사람 저 사람에게 이메일을 보내서 모든 일이 문제없이 진행되고 있는지 물었답니다. 그렇지만 우리 팀원들은 다들 엄격하고 일관성이 있었어요. 늘 돌아오는 답장은 다음과 같았지요. '팀장님이 떠나실 때, 휴직 기간 동안은 더 이상 회사 일에 대해 알기를 원하지 않는다고 말씀하셨죠. 그러니 저희는 아무 말씀도 드리지 않겠습니다.' 와, 정말 대단하지 않나요! 시간이 조금 더 지나자 궁금증도 차차 잦아들었어요. 정말로 심각한 문제가 생기면 팀원들이 충분히 내게 연락을 취할 수 있다는 걸 알았으니까요. 그걸로 충분한 거 아닌가요?"

다른 사람에게 선사할 수 있는 가장 영광스러운 일은
그를 믿어 주는 것이다.
_마티아스 클라우디우스

신뢰란 우리가 남몰래 실망하게 될 것을 두려워할지라도 앞으로 나아가겠다는, 그리고 무엇보다도 다른 사람들과 함께 더불어 나아가겠다는 명확한 결정이다. 서로 간에 신뢰하는 것은 당사자들 사이를 견고하게 이어 붙이며, 어려운 시기를 함께 견뎌 낼 수 있다는 확신을 가질 수 있도록 만든다. 여기에 나열하는 것은 기업 내에서 신뢰 문화를 구축하고 강화하여 어떤 폭풍우에도 견딜 수 있는 확고한 토대를 마련하는 데 도움이 될 만할 몇 가지 아이디어와 제안들이다.

주변 사람들이 당신을 실망시켰던 때의 상황을 되돌아보라. 그때 느꼈던 실망이 오늘날에도 여전히 당신에게 어떠한 영향을 미치는가? 한 개인으로, 그리고 경영자로서의 행동에 영향을 끼쳤는지도 고려해 보자. 그에 따른 스스로의 감정을 살펴보고 다음과 같이 자문해 보자. 자기 자신과 다른 사람을 더욱 신뢰하려면 어떻게 해야 할까?

직원들을 신뢰하기가 보다 수월한 영역이 있는가? 그러한지 그렇지 않은지는 전적으로 당신의 결정이다! 다음번 직원 면담에서 신뢰와 통제에 대해 공개적으로 대화를 나누는 시간을 가져 보자. 직원들이 이 문제에 대해 어떠한 시각을 가지고 있는지, 어느 영역에서 더 많은 자율성을 원하는지 들어 보도록 하자.

회사 내의 어느 영역에 관료주의가 지나치게 퍼져 있다고 생각하는가? 직원들은 이에 대해 어떤 생각을 가지고 있을까? 한층 더 향상된 기업 내 신뢰 문화를 위해 상징적으로 폐지할 수 있을 만한 불필요한 통제 조치에는 무엇이 있을지 직원들과 함께 생각해 보자.

5

책임

무슨 일이 있어도
책임이란 져야 하는 것!

—토니 로빈스

소망적 사고

과거에 크고 작은 리더십 부재와 관련된 문제가 발생했다. 그로 인해 팀원들이 갈가리 나뉘어 개별 플레이 체제로 완전히 와해된 회사의 특정 영역을 수습하고자 했을 때, 나는 정말이지 험난한 도전에 직면했다는 느낌을 받았다. 모두가 모두에 대항하여 싸우고 있었고, 그 안의 부서들은 말하자면 제각기 세워진 왕국과 같았다. 공동의 비전은 물론 팀 스피릿도 없고, 공유하는 목표도 없었다. 당시 나는 순진하게도 단지 몇 가지 합리적인 사고를 바탕으로 한 정리가 필요한 것이고, 그 이후에 사람들이 각자 고수하고 있던 태도와 행동 방식을 바꿀 것이라고 생각했다. 그래서 경영진들과 성실하게 논의하여 회사의 이 영역이 겪고 있는 사태를 무엇이라고 보는지 나의 견해를 분명하게 밝혔으며, 이제부터 우리가 그전까지와는 다른 방식으로 협력을 도모한다면 모두에게 회사 생활이 훨씬 더 즐거워질 것이라고 강조했다.

그런 후에 나는 내 자리에 앉아 몸을 편안하게 뒤로 기대고, 일을 수습하기 위한 내가 할 수 있는 모든 일을 다 했다는 뿌듯함을 만끽했다. 그러나 이 생각은 담뱃갑에 경고 문구와 역겨운 이미지를 인쇄하면 한 명의 흡연자라도 담배 구입을 망설이게 될 것이라고 믿는 것 만큼이나 순진한 생각이었다는 사실을 깨닫는 데 그리 오랜 시간이 걸리지 않았다. 단지 내가 바라는 바를 충실하게 반영한 생각과 이성을 바탕으로 한 합리적 논쟁, 그리고 유쾌함을 잃지 않는 설득만으로 일이 해결되는 데는 한계가 있었다.

내가 책임지고 수습하려 했던 영역도 예외가 아니었다. 처음에는 아무것도 바뀌지 않았다. 그 부서에서 영원히 반복되는 싸움과 해묵은 부정적인 사고방식은 전혀 수그러들 기미도 없이 계속되었고 그것은 나에게 깊은 좌절감을 안겨 주었다. 모든 것을 포기해 버리기 직전의 상태가 되었다. 이렇게나 충고라고는 전혀 받아들이지 않으려는 고집스러운 사람들과는 아무 일도 함께할 수 없다고 생각했다. 이 부서에서 긍정적인 변화가 일어나지 않는다는 사실에 대해서 나는 아무것도 할 수 없는 입장이라고 생각했다. 인간적으로 내가 할 수 있는 모든 것을 다했다고 여겼기 때문이다. 내게는 다른 사람들이 문제였다! 자기가 있는 곳이 얼마나 좋은 곳인지 깨닫지 못하는 사람들 같았다.

그러나 사실 당시에 내가 선택한 것은 가장 손쉬운 방법이었고,

리더로서의 책임을 다하지 않은 것이나 마찬가지였다. 내가 한 일을 근본적으로 따져 보면 위기에 책임이 있는 자를 찾아내는 일이었다. 그러나 나는 곧 다시 우리의 행동은 이전의 경험에 기초하고 있으며, 누르기만 하면 무엇이든 수월하게 변화시킬 수 있는 스위치 따위는 없다는 것을 깨달았다. 이렇게 빨리 포기할 수는 없었다! 결국 내가 한 조치는 다른 사람들에게 새로운 경험을 하고 행동을 바꿀 기회조차 주지 않은 셈이었다. 그래서 나는 새로운 길을 시도하기 위해 한 장, 또 한 장, 말하자면 초대장을 보내기 시작했다.

처음에는 거의 없는 것과 마찬가지였던 변화에 너무 실망스러웠다. 그러나 결국 인내심은 그에 적합한 보상을 받았다. 점차적으로 직원들은 내가 보낸 초대장에 응답했다. 봄에 흙을 뚫고 땅 위로 올라오는 섬세하고 작은 새싹처럼 우리 회사만의 새로운 문화가 자라나기 시작했다. 팀의 분위기는 점차 바뀌었고, 모든 당사자는 더 자주, 더 쉽게 협력했다. 심지어 부서 간에도 협력이 이루어졌다. 회사 내의 대다수 사람들에게 이것은 완전히 새로운 경험이었다.

책임 소재를 추궁하는
애처로운 행동

우리는 어떤 일이 일어났을 때 책임 당사자를 찾는 데는 그 누구에게도 지지 않으며, 보통은 그에 해당되는 '후보자'를 재빠르게 찾아낸다. 이 행동의 장점은 이것이다. 누군가 나 아닌 다른 사람에게 잘못이 있다면, 우리 자신은 자연스럽게 열외된다. 괜찮지 않은가? 잘못은 과도한 경쟁 자체에 있거나, 고객이 제품에 대해 전혀 이해하지 못하는 까닭이거나, 일을 같이하는 다른 부서가 완전히 무능력한 탓이거나, 새로 도입된 유럽 연합의 지침이 어이가 없을 정도로 말도 안 되기 때문이거나, 정부가 잘못된 법률을 통과시킨 것임에 틀림없다.

우리 업계에서 최근 모든 죄를 전부 다 덮어쓰고 있는 공공의 적은 바로 전자 상거래이다. 몇 년 전부터 점점 더 많은 고객들이 도시를 산책하다 필요한 물건이 있어 상점에 들르는 대신 집 안 소파에 앉아 인터넷을 통해 쇼핑하는 것을 선호하게 되면서 오프라인 소매상점들은 엄청난 문제를 겪고 있다. 많은 곳에서 분노의 목소리가 터져 나온다. 누군가는 전자 상거래를 아예 금지해야 한다고, 또는 적어도 그것을 어떻게든 법률적 통제 아래에 두어야 한다고 주장하기도 한다.

오프라인 매장에서 인터넷 구매로 옮겨 가는 급격한 변화가 있었지만 자세히 살펴보면 그렇게 놀라운 일도 아니다. 온라인 상점은 고객의 요구를 정확하게 충족시킨다. 우리의 소비 습관은 수년에 걸쳐 변화해 왔다. 소비자들의 쇼핑 방법과 구매 경험에서 요구하는 기대는 급진적인 변화를 겪어 왔다.

책임이 있는 곳에 잘못은 없다.

__알베르 까뮈

내 생각에 오프라인 소매점의 위축은 인터넷의 발달 때문이라기보다는 사람들의 쇼핑 습관 변화와 더욱 큰 관련이 있다. 비즈니스 모델로서의 '도심에 위치한 백화점'은 적어도 타깃 소비자 그룹을 위한 역할을 이제 다 마쳤다고 본다. 그리고 솔직히 이제는 그 누구도 시내의 유명 백화점과 같은 오프라인 대형 상점을 새로 오픈하겠다는 미친 아이디어를 내놓지 않을 것이다. 전문성도 없고, 많은 비용이 필요한 시내 한가운데에 지나치게 넓은 장소가 필요하기 때문이다.

지난 2년 동안 셀 수 없이 많은 업계 내 세미나와 상거래 관련 컨퍼런스에서는 끝없는 성토대회가 열렸다. 직면한 불행의 범인이랄 법한 것이 도대체 무엇인지 모두들 눈에 불을 켜고 찾고 있었다. 다른 영역에서도, 그러니까 출판 산업에서부터 시작해서 일반 상품 판매업, 그리고 특수 소매점에 이르기까지, 이 불길해 보이는 인터넷이 가져다줄 새로운 기회를 무시하고 너무 오랜 시간 동안 시작되는 폭풍을 외면한 것으로 보인다. 인터넷이 가지고 온 것이 새로운 기회가 아니었다면, 인터넷 거인 아마존과 아시아의 아마존이라 불리는 알리바바, 그리고 다른 선호도 높은 인터넷 쇼핑 플랫폼들은 애초에 지금처럼 전 세계적으로 성장하지도 못했을 것이다.

좋은 사람과 나쁜 사람

우리는 사람들의 행동이 내 마음에 들지 않을 때 그것을 비난하는 경우가 많다. 사적으로든 회사에서든 누가 언제 무엇을 잘못했는지 잘 알고 있다. 그렇지만 어느 누구도 매번 거듭 악한 행동을 하거나 근본부터 악하지는 않다. 만일 스스로 책임지는 마음으로 전체 그림을 바라보고 '이 일이 나에게 어떤 도움이 되었는가?'라고 자문하는 습관을 가진다면, 새로운 차원의 자유를 얻고, 그 사건 자체로 새로운 국면을 맞이하는 또 다른 기회를 만들어 갈 수 있을 것이다. 과거의 족쇄에서 자유로워질 수 있다는 뜻이다.

2015년에 플로리다에서 열린 토니 로빈스의 '운명의 날Date with Destiny'이라는 워크숍에 참석한 적이 있다. 이제는 전설로 불리는 넷플릭스 다큐멘터리 '멘토는 내 안에 있다I am not your guru'의 기초가 되었던 워크숍이었다. 한 모녀가 자리에서 일어났고, 토니 로빈스는 그들을 즉석에서 직접 상담해 주었다. 모녀의 비난의 화살은 딸을 전혀 돌보지 않은 아버지, 그러니까 심각한 마약 문제를 비롯하여 여러 가지 다른 문제들을 남겼던 전남편을 향해 있었다. 토니 로빈스는 먼저 어머니에게, 그다음에는 딸에게 나쁜 것이든 좋은 것이든 아버지가 원인이 된 모든 것에 대해 완전한 책임을 지워 보라는 지시를 내렸다. 그것이 무슨 의미인지는, 로빈스 자신의 어머니를 예로 들며 분명해졌다. 마약 중독자였던 그의 어머니는 어린 시절 그를 학대하는 일이 잦았다. 그 사실은 그의 인생에서 지울 수 없는 과거이며, 굳이 그러려는 시도조차 하지 않았다. 하지만 그는 자신이 사람들이 겪는 아픔을 끝낼 수 있도록 돕고 싶은 끝없이 샘솟는 열정을 가지게 된 것이 바로 어머니가 그런 사람이었기 때문이었다고 말했다.

워크숍에 참여한 두 모녀 역시 그와 비슷한 깊은 깨달음을 얻었다. 어머니는 "전남편이 없었다면 오늘날 이렇게 멋진 딸을 가지지 못했을 거예요!"와 같은 표현을 마침내 입 밖으로 소리 내어 말할 수 있게 되었을 때 울음을 터뜨렸다. 그리고 딸은 인생을 살 수 있도록 하는 힘의 많은 부분이 아버지가 어린 시절 가르쳐 준 것들에서 비롯되었다는 결론에 다다랐다. 지금까지는 아버지를 비난하는 마음 때문에 이 업적을 제대로 보거나 인정하지 못했던 것이다. 워크숍 이후 딸은 아버지와 다시 연락을 취했고, 두 사람은 화해를 통해 서로를 완전히 새로운 관계에서 바라볼 수 있었다. 모든 당사자가 각자의 책임을 나누어 짊어지고 누구에게 책임을 전가할 것인가 하는 문제에서 벗어날 수 있었기 때문이다. 6개월 후에 아버지가 세상을 떠나자 딸은 화해의 기회를 가질 수 있었음에 매우 감사하게 생각했다.

스스로 감당하는 책임

내가 수년에 걸쳐 학습한 것은 다음과 같다. 우리가 책임을 떠넘기는 그 누군가에게 행동 지침이 적힌 책 또한 함께 건네주는 셈이라는 사실이다. 즉, 문제의 책임 소재로 지적당한 사람이 자신의 업무 영역 확장이나, 공격적인 마케팅 전략, 제품 혁신 등을 친절하게도 스스로 시도하지 않는 한, 우리는 그에 대해 전혀, 아무것도 할 수 없다. 힘이 없는 것이나 마찬가지로 보인다. 그러나 이 무력함은 자초한 것이다. 물론 많은 이들은 그렇다는 사실을 공식적으로 인정하고 싶지 않아 할 것이다.

그렇기 때문에 나는 늘 대개의 경우 책임이 가능한 한 빨리 위기에서 벗어나는 열쇠라고 지적한다. 처음에는 간단한 질문으로 시작한다. "현재 상황에서 나는 책임의 어느 부분을 맡을 수 있고, 또 맡아야 하는가?" 그러나 이 질문을 던짐으로써 우리는 자기 자신의 과실을 가장 먼저 돌아보아야 하기 때문에, 이러한 시각이 늘 유쾌한 것만은 아니다.

모든 위기는 각기 다른 측면을 가지고 각기 다른 차원에서 발생한다. 개인의 책임이라 함은 우리의 개별 행동 영역이 그것을 직접적으로 둘러싸고 있는 주변 환경에 미치는 영향에 관한 것이다. 개인의 주변 환경은 일반적으로 언뜻 보기에는 사소한 것일 수 있는 행동이 가장 큰 영향력을 미칠 수 있는 곳이다. 다음으로 큰 차원은 회사의 기초 조직으로, 우리가 경영진으로서, 그리고 특히 소유주로서 행동할 수 있는 곳이다. 시장이라든지 새로운 경쟁자, 그리고 법, 관세 또는 무역 제한과 같은 정치적 요건들이 개입하는 영역으로 가면 우리가 직접적으로 영향력을 미칠 수 있는 가능성은 자연스럽게 감소한다. 그럼에도 불구하고 이것이 그냥 손을 놓은 채로 가만히 지켜보면서 가혹하기만 한 운명을 원망할 이유는 되지 않는다. 이 차원에서도 새로 맞닥뜨린 현실을 어떻게 수습할 수 있을지 그 방법을 찾아야 한다. 이렇게 관점을 변화시킴으로써 우리는 다시 스스로 책임을 지게 되는 것이다. 이 변화된 관점은 우리에게 위기에서 벗어날 수 있는, 혹은 적어도 위기에 대항하는 첫발을 내디딜 수 있는 굉장한 기회를 열어 준다. 예컨대 비난의 대상이 부모든 배우자든, 미국 대통령이든 유럽 연합이든, 밀려 들어오는 난민들이든 하청업체든 그도 아니면 대형 인터넷 상점이든, 우리가 현재 처해 있는 곤경에 대해 그 누구에게 책임을 돌린들, 문제는 해결되지 않은 채 그대로 남아 있다. 우리가 스스로 책임을 지지 않는 한, 상황은 정체되어 있을 뿐이다.

나의 아버지 역시 많은 위기를 겪으며 용기를 내어 전진하고 앞장서서 책임을 져야 했다. 당시를 회상하며 아버지는 이런 말을 하셨다. "1980년대에 마케팅의 위기가 처음 찾아왔던 건 알디(독일의 초대형 슈퍼마켓 체인—옮긴이 주)와 다른 할인 매장들이 우후죽순으로 생겨났을 때야. 그때 처음으로 진짜 문제라고 할 만한 것과 직면하게 되었지. 그런 순간에는 나와 같은 곳을 보면서 함께 갈 수 있는 몇 사람이 정말 필요해진단다. 그리고 어느 시점이 되면 내가 과연 한 기업을 이끄는 리더로서 충분한 능력이 있는 사람인지 증명해야 할 때가 온다." 그 증명으로서 아버지는 책임감을 말했다. "물론 나에게 중요하다는 거야. 다른 사람들에겐 다른 가치가 더 중요할지도 모르지. 하지만 당시에 우리 생산 라인에서 일하던 직원들이 무려 250명이었어. 그 사람들은 뼛속부터 우리 회사 사람이라고 스스로 말하고 다녔지. 나는 이들에 대해 큰 책임감을 느끼고 있었던 거야. 그리고 그런 종류의 책임감은 말이다, 상황이 어려워진다고 해서 쉽게 외면할 수 없는 종류의 것이란다. 시장이 변하는데 내가 뭘 할 수 있겠냐고 어깨를 으쓱 치켜올리고 말 수 있는, 그저 그뿐인 것이 아니란 말이지. 이런 책임감을 나는 한 기업의 리더이자 경영자로서 감당해야만 해. 그것이 이 역할에 속한 속성이라고 봐도 좋을 거다."

자기 스스로의 책임을 찾아서

스스로의 생각 속에 갇혀서 옴짝달싹 못 할 것처럼 느껴질 때, 나는 종이 한 장을 꺼내어 펼쳐 놓고 지금 겪고 있는 위기와 관련해 내가 탓하거나 비난할 수 있는 사람 또는 상황을 적어 본다. 더 이상 다른 희생양이 떠오르지 않을 때까지 그렇게 한다. 조용한 가운데 어느 정도 거리를 두고 그 목록을 살펴보며, 항목 하나하나마다 내 자신에게 묻는다. "여기 이 사람이나 이 상황에 무조건적으로, 그리고 아무 저항 없이 나의 상황을 나아지게 만들 수 있는 힘을 부여할 것인가? 정말로?"

경험상 단순히 머릿속으로 떠올려 보는 것보다 종이에 실제로 적는 편이 훨씬 효과적이었다. 그렇게 함으로써 내가 누구에게 혹은 무엇에 책임을 떠넘기고, 그리고 그와 더불어 위기 상황을 변화시킬 수 있는 힘까지 부여하는지를 새긴 것처럼 명확히 볼 수 있다. 이 함정에 우리가 얼마나 빠르게 걸려드는가를 확인하는 것은 의심할 여지도 없이 매우 고통스러운 과정이다. 우리가 책임을 '넘겨주는' 것으로 개운치 않게 짐을 덜려고 하는 과정을 성찰하게 하기 때문이다. 당장은 짐을 더는 것 같아도 이는 단지 일시적인 느낌일 뿐임을 우리는 내면 깊숙이 잘 알고 있다. 아무것도 변하는 것이 없는 까닭이다. 무엇보다도 이 태도는 우리가 가만히 기다리기만 하고 아무 행동도 하지 않도록 유혹한다.

대부분 잠재의식 속에서 작동하는 이 메커니즘을 눈앞에 그려 보는 것이 나에게는 항상 큰 도움이 된다. 그런 다음 나는 또 한 장의 종이를 펼쳐 놓고 개인적으로 책임을 질 수 있는 측면이 무엇이 있는지 적어 본다. 해결책을 마련하거나 관련된 모든 사람들이 처한 상황을 개선하기 위해 내가 할 수 있는 일을 생각해 보는 것이다. 그런 후에 목록에서 한 가지씩 차례로 수행해 나가는 식으로 문제를 해결한다.

태도의 문제: 신중함과 책임감

보도 얀센은 호텔 그룹 옵스탈스붐의 대표 이사로, 과거에 어려운 위기를 맞이한 가운데 회사를 급진적으로 개혁한 사례가 있다. 자기 자신을 먼저 되찾기 위해 수도원에 머무른 뒤, 그동안 관습적으로 이어져 오던 전통적인 경영 방식을 완전히 부수고, 직원들과 함께 소위 '옵스탈스붐식'이라 부르는 경영 시스템을 완성했다. 그리고 이 방식은 매우 성공적이었다. 단 5년 사이에 매출과 영업 이익이 배로 성장했고, 직원 만족도 또한 급속도로 상승했다. 그리고 동종 업계의 기업 중 구직자들이 가장 일하고 싶어 하는 기업이 되었다.

Q 당신의 강연에서 듣기를, '위기'라는 것에 대해 매우 특별한 생각을 가지고 있다고 하더군요. 위기로부터 비로소 모든 것이 시작되었고 옵스탈스붐 방식도 구축할 수 있었다고요. 어떻게 된 일인가요?

A 저는 리더십을 사람들에게 이로운 일을 하는 역할 이상으로 해석합

니다. 직원들에게 위로부터 수직적으로 지시 사항을 전달해서 그들을 '의무를 충족시키는 일을 하는 사람들'의 위치로 끌어내리는 일을 해서는 안 된다고 생각합니다. 그런 환경에서는 직원들의 불만도 고조될뿐더러 "직무를 수행하는 데 필요한 것이 무엇인가?"라는 질문에도 부정적인 대답만 나올 뿐입니다. 이것은 업무 환경에 하등 도움이 되지 않는 일이지요. 그렇지만 저는 이런 상황과 어찌 됐든 대면해야만 했습니다. 그리고 이를 통해 위기를 새로운 시작의 기회로 바꿀 수가 있었습니다.

Q 그러면 그때 당신의 회사를 운영하기 위한 새로운 답을 찾을 수 있었나요?

A 네, 하지만 그 답은 수많은 경영 관련 서적 중 하나에서 찾은 것이 아니라 우리 직원들과의 대화 속에서 찾을 수 있었습니다. 사람들 간의 관계는 책 속에는 나와 있지 않거든요. 책에서 다루는 것은 기능이라든지 포지션, 기술적 팩트, 프로세스, 기준, 체크 리스트 같은 것들입니다.

Q 우리는 둘 다 경영자로서 미래에 대한 비전을 가지고 있습니다. 그런데 늘 저항에 부딪히게 마련이지요. 이렇게 저항에 부딪힐 때 당신은 어떻게 대처하나요?

A   우선 제가 그런 저항들에 무척 감사하는 마음을 가지고 있다는 것부터 말해야겠네요. 우리는 성장하기 위해 저항을 필요로 합니다. 운동을 예로 들어 볼까요? 예컨대 저항을 이겨 내지 않고서는 근육이 붙지 않지요. 저항이 너무 세지면 근육이 아예 파열되어 버리고 마니까 그러지 않도록 조심하기만 하면 됩니다. 제가 250킬로그램의 무게를 어깨에 얹고 앉았다 일어나는 운동을 한다고 가정한다면, 이 무게는 제 건강을 위협할 수 있는 정도의 저항입니다. 그렇지만 반대로 무게가 너무 적게 나간다면 더 이상의 발전은 없겠지요.

제 생각에는 먼저 저항에 대해 특정 태도를 취하는 것이 매우 중요한 것 같습니다. 성장하기 위한 아주 좋은 기회이니까요. 그리고 이를 통해 당신이 가지고 있는 두려움도 일부 날려 버릴 수 있습니다. 그러면 저항은 어느새 우리를 자라게 하고 발전하게 하는 커다란 모험과 다를 바 없게 됩니다.

Q   이 세상의 기업가들을 위해 해 주고 싶은 말이 있습니까? 그들을 격려하고 힘을 실어 주고 싶은 부분이 있다면 무엇입니까?

A   어쩌면 다른 사람들 책임일지 모른다는 말 뒤에 숨지 않기를 바랍니다. "상사가 그렇게 하기를 원하지 않는다"거나, 또는 "예산이 없다" 같은 말들이 전형적인 사례입니다. 저는 이 말이 별 의미가 없다는 것을 알게 되었습니다. 긍정적인 방향으로 나아가기 위해 필요한 동

기는 사실 조건이나 예산과는 아무 상관이 없고, 오히려 자기가 오늘 하루를 어떻게 보내겠다고 스스로 설정하는 태도와 관련이 있는 것이거든요.

그리고 저는 다른 사람들에게 책임을 추궁하는 것을 멈추라고 말하고 싶습니다. 이제 자신이 하는 행동의 많은 부분이 실제 변화를 만들어 나가기에 충분하다는 것을 알게 되지 않았나요?

실수를 찾으려 하지 말고 해결책을 찾으라.

__헨리 포드

솔직한 말

2000년대 초에 찾아온 심각한 위기는 우리 회사 직원들 모두에게 극도의 스트레스를 가져다주었다. 정말로 쉽지 않은 시간이었다. 모든 것이 흔들렸고 고객의 신뢰를 잃었다. 처음에는 화가 잔뜩 나서 고객 센터로 전화를 건 고객들을 단순히 진정시키려고만 했다. "이것은 개별적인 케이스일 뿐입니다!"라고 말하거나, "아무 문제도 없을 거예요. 다음 주 내로 처리해 드리겠습니다!"라고 약속했다. 그렇지만 예상만큼 신속하게 대응할 수가 없었다. 상황이 더 나빠질수록 고객이 점점 더 화를 내는 것은 어찌 보면 논리적인 흐름이다. 그래서 나는 공개서한을 작성하기로 결정했다.

이 서한에서 나는 지금 생긴 일은 분명 큰 문제이며 개인적으로 매우 큰 책임을 느낀다고 솔직하게, 그리고 진정성 있게 이야기했다. 상황을 정당화하거나 이런저런 변명을 끌어다 대지는 않았다.

발생한 모든 문제에 대해 사과를 전하며, 추가 질문이나 다른 문제가 생기는 경우 언제든지 나에게 직접 연락하도록 요청했다. 그리고 편지 한 장 한 장마다 직접 서명했다.

반응은 압도적이었다. 모든 사람들이, 심지어 사과의 대상인 고객들까지도 솔직하고 진정성 있는 대응이었다고 인정해 주었다. 많은 사람들이 앞으로 우리가 가는 길을 지지해 주겠다고 약속했다. 또한 이 사과 편지 이후 내부적으로도 전체적인 분위기의 쇄신이 있었으며, 회의에서 마침내 쓸 만한 의견들이 나왔다. 스스로 주된 책임을 지고 팀원들이 져야 할 책임을 덜어 주는 것, 그것은 결과적으로 더 이상 범인을 찾는 것에 관한 것이 아니라 위기를 타파하기 위해 모든 에너지를 쏟는다는 의미이다.

책임지기

겉으로 보기에 전혀 희망이 없는 것 같은 상황에 놓여 있을지라도 꼭 해야 할 일이 있다. 그동안 내가 직접 여러 번 경험한 일이다. 사소하고 그다지 중요하지 않은 첫걸음일 뿐이며 위기를 즉각적으로 종결시킬 수 있는 단 하나의 해결책은 아니지만, 누가 단순한 피해자이며 누구에게 책임이 있는가를 묻는 역할 논리에서 벗어나 우리가 능동적으로 다시 행동할 수 있는 기회를 제공한다. 그렇기 때문에 수십 년에 걸친 세월 동안 나는 책임지는 것을 배우는 일에 정말로 애정을 가지게 되었다. 그럼으로써 우리는 그 시점에 실제로 할 수 있는 일을 행동으로 옮기고, 그와 동시에 무기력한 감각을 떨치고 새롭게 시작할 수 있는 힘을 공급받는다.

물론 '책임'이라는 말이 그다지 매력적인 것은 아니다. 어린 시절 들었던 책임이라는 단어에는 이미 성가신 의무와 왠지 모를 무거움이 늘 함께 연상되었다. 조금 더 나이가 들었을 때, 책임을 다해야 한다는 말은 기본적으로 부모로서의 역할, 잔디 깎기, 육아, 집안일 등의 딱히 반갑지 않은 숱한 과제들과 관련이 있었다. 재미라고는 눈 씻고 찾아보려 해도 없는! "책임을 다한다." 이 말은 성인이 된 뒤에도 어쨌든 참회와 순례의 느낌을 담고 있었던 것이다. 더욱이 이 단어는 잘못과 밀접한 관련이 있다. 어떤 일이 잘못되면 논리적으로도 그 일에 대한 책임이 있는 사람이 잘못한 것이라고 간주되기 때문이다.

특히 위기 상황에서 확고한 책임 의식을 갖는 것은 위기를 넘어 새로 시작하려는 때에 그 상황을 함께 헤쳐 나가고 있는 모든 사람들에게 엄청난 도움이 된다. 스스로 피해자 역할로 자신의 위치를 규정하는 것에서 벗어나 자신감 있게, 그리고 독립적으로 결정을 내리는 것이 중요하다.

나는 책임감을 가진다는 것을 다음과 같이 정의하고 싶다. 첫째, 나 자신이 문제의 일부이고, 둘째, 내가 결과에 영향을 줄 수 있다는 점이 분명하며, 셋째, 반면에 내가 아무런 영향력을 행사할 수 없는 현재 상황의 여러 가지 측면 또한 있다는 것을 인정하는 것이다. 따라서 스스로에게 "나는 무엇을 할 수 있는가? 이 상황에 실제로 어떤 영향을 미칠 수 있을까?" 하고 묻는다면, 자동적으로 문제의 특정 부분에 대해 책임을 지고 전체 해결 과정에 기여하게 되는 것이다. 그것이 바로 문제의 요점이라고 생각한다. 문제에 대해 오랫동안 장황하게 논쟁하거나 현재의 불행한 사태에 대해 누가 책임을 져야 할지 생각하는 것은 전혀 쓸모없는 일이다. 그런다고 상황이 변하지는 않기 때문이다. 희생양을 찾는 것은 아무에게도 도움이 되지 않는다.

행동하기

신뢰나 책임, 그리고 소속감을 호소하려고 하는 사람은 우선 자신의 행동으로 그 가치들이 소중하다는 것을 보여 주어야 한다. 물론 모든 일에 항상 모범을 보여야 한다는 것은 전혀 유쾌한 일은 아닐 것이다. 그러나 이것이 리더로서 책임을 맡을 수 있는 유일한 방법이다. 다른 이들에게 이 여정이 어디로 나아가게 될지를 알리고, 그들에게 요구하는 것을 나는 이미 실천하며 살고 있는 모습을 보여 주어야 한다. 그렇게 하는 것만이 우리를 신뢰할 수 있고 정통한 사람으로 만든다. 좋은 사례가 되는 것으로 한 걸음 더 나아가고, 다른 많은 사람들이 우리를 신뢰하기 때문에 따르기를 바라는 것이다. "가장 효과적인 변화 방법은 바로 위기 상황 속으로 자기 자신을 던져 넣는 것입니다. 기존에 고수해 왔던 사고와 행동 패턴을 따르는 것이 불가능한, 그래서 반드시 새로운 사고방식과 행동 방식을 배워야만 하는 상황 속에 자신을 위치시키는 것이지요." 스벤 얀스키는 경영진으로서 변화에 열린 태도와 학습에 적극적인 태도를 가져야 하는 이유를 이렇게 설명한다. "경영자가 이렇게 스스로 유발시킨 것과 다름없는 위기를 성공적으로 관리할 수 있다면, 경험상 장기적으로 사업상 꼭 필요한 변화들도 잘 관리해 나갈 수 있을 것입니다."

실패할 경우 책임을 지는 것은 관련된 모두의 자책감을 덜어 줄 것이므로, 이것은 매우 자유로워지는 일이기도 하다. 리더로서 사건이 일어날 때마다 팀 전체를 보호하고, 일어난 일을 자신의 잘못으로 끌어안아야 한다는 뜻은 아니다. 물론 때로는 그렇게 하는 것이 불가피할 때도 있지만 이것이 정해진 규칙은 아니라는 말이다. 각 개인의 책임에 초점을 맞추면 죄책감의 문제에서 벗어나 행동의 영역으로 옮겨 갈 수 있는 여지가 생긴다. 실현 가능한 것들에 집중함으로써 참담한 상황에서 벗어날 수있는 기회를 차지할 수 있다.

그러나 나 자신과 내가 이끄는 팀원들에 대한 요구는 때로는 지나칠 정도로 극단적이어서 이를 충족시킬 수 있는 사람이 세상에 아무도 없을 정도이다. 세상에 완벽한 사람은 없으며 우리 모두 실수를 저지를 때가 있다는 점을 인정하고 편안한 마음을 가지면 우리는 더욱 자유로워진다. 또 위기 상황에서 책임 문제를 더 능숙하게 관리할 수 있는 가능성을 연다. 위기에 처하면 보통 사람들은 불안과 정서적 긴장감 때문에 부적절하게 반응할 수 있다. 완벽을 요구함으로써 우리는 실패에 대한 두려움을 증가시키고 그 일과 관련된 모든 사람들을 마비된 것처럼 꼼짝 못하게 만든다. '잘하는 것'의 기준이 초인간적일 정도로 높을 때면 책임을 지려고 나서는 일은 더더욱, 상상할 수도 없을 만큼 어렵다. 아무도 감히 앞장서 책임질 수 없는 것이 논리적인 귀결이며, 기준을 충족시킬 수 있을 만큼 충분히 잘하지 못 할 것에 대해 두려워하는 분위기만이 팽배해질 것이다.

몇 년 전 우리는 제품과 관련하여 발생한 문제를 해결하려고 노력하는 과정에서 바로 이 완벽주의의 함정에 빠졌다. 많은 해결책들이 논의되었지만, 그것이 '완벽'하지 않았기 때문에 매번 채택되지 못했다. 실용적인 해결법이지만 더 많은 문제를 만들어 낼 수 있을지도 모른다는 우려에서였다. 우리 팀은 신속하고 빠르게 적용할 수 있는 답안에 만족하는 대신 유일하고 궁극적인 솔루션을 절박하게 찾고 있었다.

그러나 위기 상황에서는 당연히 어떤 해결 방안이 가장 적합한지 되도록 빠르게 결정을 내려야 한다. 그다음 생각해 낸 방안이 100% 완벽한지 여부에 방해받지 말고 곧바로 해야만 하는 일들에 착수하는 것이 훨씬 더 낫다. 80%로 일단 용감하게 시작하는 것이 진전이

라고는 하나도 없이 0%에 머무르며 불안한 상태로 완벽주의의 화살
을 날카롭게 겨누고 있는 것보다 낫다.

정체 상태 끝내기

무언가 일이 원하는대로 되지 않음과 동시에 우리는 "도대체
왜?"라는 잘못된 질문을 던지는 것으로 첫 발걸음을 내딛음으로써
악순환에 빠지게 된다. 그런 다음 왜 이런 일이 바로 이 시점에, 꼭
바로 우리 회사에, 우리 회사가 몸담고 있는 바로 이 산업계에서 일
어나고 있는지에 대해 끊임없이 고민한다. 문제는 이 질문에 대해서
결코 만족스러운 답변을 찾지 못할 것이라는 점이다. 이런 문제는
우리가 계속 집중할 수밖에 없도록 만들면서 정작 그 어디로도 안내
는 하지 않는 나쁜 질문이다. 앞으로는 다른 일을 할 수도 있을 에너
지를 모두 먹어치워 버리는 이 길을 꼭 피해 갈 수 있었으면 한다!

보다 현명한 것은 현재 상황에서 무엇을 배울 수 있는지, 그리고
어떻게 하면 우리가 내리는 결정이 우리를 좀 더 앞으로 나아가도
록 할 수 있을지 솔직하게 묻는 것이다. 이것은 능동성을 품고 있다.
끝없는 '왜?'가 우리를 수동성 안에 가두는 것과 대조적이다. 부정할
수 없는 사실은 다음과 같은 것들이다. 무슨 일인가가 일어났다. 이
것이 새로운 현실이고, 과거는 이미 지나간 일일 뿐이다. 우리가 원

한다고 해서 바꿀 수 없는. 결국 우리가 해야 할 일은 새것을 받아들이고, 바로 그 새로운 것에서 우리의 결론을 끌어내고, 그에 적합한 새로운 계획과 전략으로 팀원들과 협력하여 앞으로 나아가는 것이다. 슈테파니 슈타인라이트너는 이와 더불어 다음과 같은 사실도 발견했다. "사람들은 앞을 향해 나아가는 삶을 살고, 어떤 일의 의미란 반드시 지나간 다음 돌이켜 볼 때야 이해할 수 있습니다. 되돌아보면 모든 실패의 경험이 각기 중요한 것들이었어요. 나에게 깊은 통찰과 교훈을 주었지요. 또한 실패는 한 사람의 내면이 발전하는 데 매우 중요합니다. 인생의 도전을 받아들이고 그 안에서 성장한다면, 우리는 우리 존재가 이룰 수 있는 최고가 될 수 있을 거예요. 우리 모두는 잠재력을 가지고 있으므로 그것이 우리의 포부여야 합니다."

목표 지향적인 질문은 그 과정 자체가 깨달음으로 가는 열쇠가 된다. 그렇기 때문에 나는 이론과 지식으로 나를 괴롭히는 것이 아니라 정말 좋은 질문으로 나를 고문하고 도전 의식을 느끼게 하는 조언자를 좋아한다. 우리가 어떤 상황에 처해 빠져나오지 못하고 골몰하고 있다면, 종종 그 뿌리에는 잘못된 질문이 존재하는 경험을 많이 했다. 위기나 실패를 겪는 시기에, 우리는 해당하는 그 일에 대해서만 매우 골몰하고, 흑백 논리로 분노하고, 모든 것이 얼마나 비참하게 되어 버렸는지 불평하고, 이 모든 일이 일어나는 것을 막을 수는 없었을까 하는 생각으로 여러 밤을 지새우는 경향이 있다. 그러나 이 모든 골똘한 생각들과 이 모든 일어나지 않은 일을 상상한 시나리오는 아무엇도 바꿀 수 없다. 이들은 우리가 가야 할 길을 가로막을 뿐이다.

위기 상황에서 던져야 할 기본적인 질문은 다음과 같다. "여기서 빠져나가기 위해서는 우선 무엇을 해야 할까? 앞을 향해 나아갈 수 있는 의미 있는 발걸음은 무엇일까?" 이러한 질문에 답하려고 할 때, 가장 도움이 되는 것은 바로 성찰이다. 한 걸음 물러서서 진정하고, 상황을 외부에서 바라보는 것 말이다. 이를 통해 우리는 의미 있는 결정에 다다를 수 있다.

지난 세월 동안 배운 것이 한 가지 있는데, 바로 진실을 바라보는 다양한 방식이 존재한다는 것이다. 예컨대 우리 회사는 200명에 가까운 수의 직원을 고용하고 있다. 이 말은, 회사가 무언가 회의적인 상황에 처했을 때에는 거의 200가지의 서로 다른 견해와 꼭 그만큼의 다른 진실이 있다는 것을 의미한다. 특히 한 기업을 경영하는 사람들에게는 진실의 차원이 이렇게 다양하다는 사실이 무거운 짐을 한결 덜어 줄 수밖에 없다. 우리는 그 다양성을 있는 그대로 받아들이고 존중하며 심지어는 즐길 수도 있다. 그렇지 않으면 나만의 진실이 모든 사람의 진실로 받아들여지도록 하기 위해 끝도 없는 투쟁을 할 수도 있다. 그러나 이 싸움은 패배가 예정되어 있다. 견해의 다양성을 다룰 때 더 편안한 자세를 취할수록 우리는 더욱 결단력 있게 책임질 수 있게 된다. 절대적 진실이란 없고, 100% 옳은 결정도 없다는 것을 알게 될 때 우리는 그렇게 할 수 있게 된다. (6장에서 더 자세히 설명하기로 한다.)

선견지명: 예측과 신중함

디터 토스트는 35년 이상 라토플렉스에 근무했다. 베테랑 중에서도 베테랑인 셈이다. 수년 동안 독일, 오스트리아, 스위스 지역에서 판매를 담당했다. 고객과 관련된 일이 많은 업무였는데, 내부적으로는 영업 계획을 세우는 부서와 협업하고, 외부적으로는 고객 만족도를 살핀다든지 그밖에도 원만한 상호 관계 구축을 위해 일했다. 35년간의 장기근속에 대해 그 스스로도 당황스러워 했는데, 왜냐하면 애초에 그럴 계획은 아니었기 때문이었다. 무언가 '알 수 없는 비밀스런 족쇄' 같은 것이 있어서 그를 지금 이 자리에 잡아 둔 것이 틀림없다. 내가 그의 많은 장점 중 특히 높이 평가하는 것은 우선 우리 회사와 라토플렉스라는 브랜드에 대한 충성심이다. 그리고 정신없고 혼란스러운 시기에 더욱 빛을 발하는 침착함도 빼놓을 수 없는 강점이다. 그의 이런 평온함은 지난 수십 년 동안 인생의 높고 낮은 고비들을 경험하며 살아온 행로에서 얻은 것이다. 그는 우리 회사에서 늘 믿음직한 산과 같은 존재이며, 라토플렉스라는 브랜드에 대한 고객들의 긍정적인 인식에 결정적 역할을 한 인물이다.

Q 어떤 일이 계획한 대로 진행되지 않을 때 경험상 차례대로 해야 할 일이 있을까요? 위기 상황에 직면했을 때 따르는 당신만의 행동 방식 매뉴얼 같은 것이 있나요?

A 사실 위기 상황에 대처하는 방법에는 그때그때 많은 요소들이 다르게 작용하기 때문에 포인트를 잡아서 1, 2, 3번으로 소개하기 어려운 면이 있습니다. 우리가 목표와 실패를 말할 때는 꼭 달성하지 못한 목표와의 연결 고리 안에서만 이야기합니다. 그러나 실제로 문제는 더욱 깊이 들어갑니다. 직원들에게 이러한 목표 달성이 중요해질 수 있도록, 현실적이고 의미 있는 목표를 설정하게 하려면 어떻게 해야 할까요? 그런 목표를 설정할 수 있었다면, 그다음은 그것에 대해 서로 이야기하고 다시 대화하고 또다시 의견을 나누어야 합니다. 그렇게 많은 의견을 교환했음에도 시간이 지남에 따라 예기치 않은 세부적인 문제와 아예 생각조차 하지 못했지만 무언가 잘못되게 만드는 원인이 되는 문제들이 발생할 수 있습니다.

Q 위기 상황에서, 또는 실수를 저질렀을 때 당신은 구체적으로 어떤 행동을 합니까?

A 가장 중요한 것은 어떠한 경우에도 처음의 충동을 따르지 말아야 한다는 것입니다. 첫 충동은 대개 상황을 수습할 수 없게 만들기만 합

니다. 사실은 합리적인 분석을 기반으로 한 것이 아니라 감정에서 발생하는 반응이기 때문이지요. 동료들, 그리고 다른 직원들과의 의사소통을 통해 단계마다 반복해서 적극적으로 묻고 또 듣는 것이 좋습니다. "해결책이 어디에 있다고 생각합니까? 어떻게 하면 문제를 더 확대시키지 않을 수 있을까요?" 이 말은 곧, 즉각적으로 급하게 반응하지 않고, 의견을 구하고, 다른 관점을 포용하고, 상황을 분석하고, 필요한 경우 시스템을 전체적으로 새롭게 정비해야 한다는 것을 의미합니다.

Q 위기 상황에서 경영자가 부담해야 할 책임이 있다면 무엇이라고 생각하십니까?

A · 경영진으로서 우리는 상황을 미리 예측해서 사고하고 행동해야 합니다. "이런저런 상황에서 어떤 장애물이나 난관이 예상되는가? 그리고 어떻게 하면 그것을 초기에 피하거나 극복할 수 있을까?" 같은 질문들을 계속 던지는 것이지요. 개인적으로도 저는 늘 일이 앞으로 어떻게 진행될지 추측해 보려고 합니다. 목표에 대해 생각할 때면 언제, 어디서 충돌이나 문제 또는 실책이 발생할 수 있을지 그 지점이 예상되는 경우가 적지 않습니다. 그렇다면 이러한 갈등이 실제로 구체화된다고 하더라도 이미 마음의 대비가 되어 있고 문제를 진정시킬 수도 있는 아이디어와 방안을 가지고 있게 됩니다. 이것이 항

상 이런 식으로 작동하는 것은 아니지만, 저는 꽤 자주 효과를 보았습니다.

실수를 저지르는 일 또한 저에게는 책임의 일부이기도 합니다. 물론 경영진에게만 국한되는 이야기는 아닙니다. 회사에서 경력을 쌓아가는 동안 저는 많은 실수를 겪으며 다양한 경험을 쌓을 수 있었습니다. 그리고 저뿐 아니라 다른 사람들이 실수하고, 배우고, 다시 일어나서 돌아와, 결국은 적절한 해결책을 찾는 것을 지켜보았습니다. 우리가 겪는 어떤 종류의 위기든 그것은 한 사람을 강하게 만듭니다. 모든 당사자들이 서로 원활하게 협력하고 커뮤니케이션하는 한 서로에 대한 신뢰, 그리고 협력이나 소속감에도 영향을 미치기도 하고요.

많은 사람들은 책임이라는 말을 생각할 때 죄책감이라는 엄격한 개념과 연결시키곤 한다. 그러나 우리가 그 안에 있는 엄청난 힘을 깨닫고, 모든 사람이 자신이 감당 가능한 범위 내에서 책임을 지고 마침내 죄책감에서 벗어나면 그와 동시에 새로운 가뿐함을 경험할 수 있게 된다. 그런 다음에는 더 이상 처벌의 위협이 도사리고 있지 않으며 이해와 지지를 통한 기반을 쌓아 나갈 수 있게 된다. 따라서 자신의 책임 영역이 무엇인지 구별하고 그를 단단히 뒷받침하는 일이 어렵지 않아진다. 그리하여 모든 구성원들이 위기와 그로 인한 영향에서 피해 가도록 기여할 수 있게 되는 것이다.

과거의 실수와 좌절을 향해 눈을 돌려 보자. 당시 상황을 솔직하게 살펴보는 것이다. 당신은 어느 시점에서 책임지기를 거부했는가? 대신할 책임자를 어디에서 찾았는가? 그리고 미래의 위기를 더 잘 극복하기 위해 배울 점은 무엇이었는가?

팀원들의 행동을 주의 깊게 살펴보자. 책임을 지고 싶지 않다는 이유로, 또는 누구의 책임인지 밝히거나 옳고 그름을 따지느라 끝없이 이어지는 토론 때문에 가로막히고 정체되는 부분이 어디인지 알아내자. 사람들 사이에 오가는 대화의 주제를 전환하는 방법을 알아 두는 것도 효과적이다.

다음번에 위기를 맞이하면, 가치 판단이나 과장 또는 과소평가 없이 문제가 무엇인지 확실히 하고, 책임감 문제와 해결책의 첫 단계를 제시해 보자.

6

결정

결정의 순간은

우리의 운명을 형성한다.

─ 토니 로빈스

무거운 마음

2008년에 우리는 이미 독일의 여러 지역들, 그중에서도 특별히 독립 딜러들이 없는 도시에 직영점을 내기 시작했다. 우리 브랜드의 인지도를 높이기 위해서였다. 그러나 시간이 지남에 따라 시장이 근본부터 변화하기 시작했고, 특히 급격한 디지털화 때문에 판매점 운영은 엉망이 되었다. 곧 직영점을 적절하게 관리하고 고객 방문 빈도를 경제적으로 수용 가능한 수준으로 유지하는 것이 점점 더 어려워질 것임을 알게 되었다.

그래서 10년 후인 2018년 우리는 인터넷상에서 제품을 판매할 수 있는 새로운 온라인 마케팅 시스템을 구축하는 데 열중했다. 50년 넘게 유지해 온 시스템이 의문에 부딪히게 되면서 모든 부서가 힘을 모아야 했다. 나와 우리 회사의 구성원들이 마주하게 된 새로운 학습의 경험은 정말이지 강렬했다. 우리는 독일 내를 비롯해 전 세계의 딜러들과 직접 거래하는 데 익숙했다. 이를 위해 우리는 거의 완벽한 프로세스를 구축했고, 그 덕에 여러 상도 수상했다.

완전히 새로운 길을 개척하기 위해서 이제 제품 개발, 물류, 그리고 판매에 이르기까지 회사의 모든 영역에서 완전히 새로운 사고와 행동 방식을 정립할 필요가 있었다. 그리고 인간에게는 친숙한 궤적을 떠나는 것만큼 불편한 일이 없다. 우리는 그때까지 머물러 왔던 안전지대에서 급작스럽게 밀려났지만, 그런 사실을 받아들였다. 그러나 우리가 미래를 위해 매우 중요한 프로젝트에 투입해야 했던 시간과 에너지가 엄청났던 만큼 소매점을 위한 지원이 부족했던 것은 어쩔 수 없는 일이었다. 그렇게 이중고를 안은 채로 계속 갈 수는 없다는 사실을 모두 분명히 느끼고 있었다.

나는 모든 팀원들이 점차 지쳐 가는 것을 느꼈다. 그렇다, 영업 분야의 미래에 대해 이야기할 때마다 사람들 사이로 죄책감이 스며들었던 것이다. 우리는 직영 소매점을 개설하는 데 오랫동안 많은 노력을 기울였으며, 이들은 그 과정에서 모두 매우 헌신적이고 나무랄 데 없는 직원들이었다. 수년에 걸친 희생과 노력 끝에 얻은 열매를 이대로 그냥 포기할 수는 없었다!

옳은가, 틀린가?

업무나 회사와 관련된 것뿐만 아니라 사생활에서도 나는 다른 모든 사람들처럼 유쾌하지만은 않고 때로는 어려운 결정을 내려야만 했다. 인생의 크고 작은 모든 질문들, 누가 가장 잘 맞는 배우자일지, 무엇이 나에게 가장 옳은 직업인지, 휴가를 어디로 가야 할지, 또는 어떤 자동차를 사는 것이 가장 좋을지 등 우리는 매일 결정을 내려야만 한다. 회사에서도 마찬가지다. 그 결정이 옳은 것인지 그른 것인지는 결코 알 수 없다.

무엇보다도 내부적으로, 그리고 외부적으로 압력이 너무 커서 어떻게 되든 상관없다는 기분이 들 때 우리는 잘못된 결정을 내릴 확률이 높아진다. 그렇게 되면 일이 복잡해진다. 밤새도록 잠도 못 자고 가능한 대안에는 무엇이 있을까 머리를 굴리고, 아침에 완전히 지친 채로 일어나서 한 발짝도 더 나아가지 못했음을 깨달은 것이 도대체 몇 번인지. 한 가지 확실한 이유로 불편한 압박이 생긴다. 바로 명확한 결정 없이는 아무 일도 진행되지 않는다는 점 말이다.

하지만 도대체 결정은 어떻게 내려야 하는가? 이 부담은 내가 홀로 지고 있는 책임이었고, 그렇기 때문에 더더욱 쉽지 않았다. 그리고 그것을 어렵게 만드는 것은 어찌 보면 나 자신이었다. 나는 가장 적절한 합의를 끌어내기 위해 모든 임원들을 소집해 의견을 들어 보려고 시도했다. 모든 입장을 대변하는 다양한 주장과 반론들을 들고, 그 중요성을 저울질해 보는 과정이 꼭 필요하다고 생각했다. 결국 새로운 전략을 찾아 회사를 지금까지와는 다르게 운영해야 한다는 의견이 나왔다. 그리고 나는 그 의견에 대해 반드시 근본적으로 논의하고 새로운 전략을 위한 옵션들에는 무엇이 있는지 평가해 보고 싶었다. 그 시기가 언제가 되었든 간에, 우리는 어쨌든 확실한 결정을 내려야 했다. "중요한 결정을 내려야 할 때는 직감을 따르는 것이 좋아요."라고 우리 회사 영업부 관리자인 디터 토스트가 말했다. "감에 따르라는 것은 자신의 내면으로 깊이 들어가 '장기적인 관점에서 더 옳은 선택은 무엇인가?'라고 물어보는 것이죠. 여기서 '옳다'는 것은 상황에 가장 적합한 결정이라는 의미입니다." 그의 이 말은 우리가 최근에 함께 내린 결정의 기초에 대해 매우 잘 설명하고 있다.

산에서 하이킹을 하며 숙고하는 시간을 보내고 난 뒤, 나는 디터 토스트와 함께 대화하는 자리를 만들었다. 우리가 당면한 위기에 대해 그의 의견을 들어 보고 싶었다. "바로 지금, 바로 이 시점에서 우리가 가지고 있는 소매 판매점의 현황에 대한 지식을 가지고 독일의 여러 지역에 직영점을 열어야 할지 말지 여부를 결정하려면 어떻게 해야 할까요?" 우리 둘 모두는 신속하게 의견을 모을 수 있었다. 지금과 같은 상황에서는 미래를 그려 볼 수 없으므로 그렇게 하지 않을 것이라고 말이다. 세상이 변하고, 그에 따라 우리의 의사 결정 기반도 변화하고 있다.

아버지가 가끔씩 며칠간 하이킹을 위해 산에 가느라 집을 떠나 있던 것을 기억한다. 일 년에 한 번씩은 해발 4000미터가 넘는 산도 오르셨다. "이건 꼭 신체 활동에 관한 것만이 아니야. 우리는 기업의 경영자로서 책임을 다해야 할 때를 위해 육체적으로 건강을 유지할 의무가 있거든. 오히려 완전히 새로운 종류의 정신적 준비란다." 아버지는 운동을 게을리하지 않는 이유를 이렇게 말씀하셨다. "좀 이상하게 들릴지도 모르겠구나. 아마 스스로 그렇게 해 본 사람만이 동의할 수 있을 거야. 4000미터 산꼭대기 위에서 이 세상의 문제들을 내려다보면, 뭔지 모르게 해방되는 것 같고 감동이 밀려오기도 한다. 산에서 집으로 돌아올 때마다 나는 내가 했던 실수와 일어난 문제들에 대해 좀 더 명확한 태도와 새로운 관점을 가질 수 있었어."

특히 위기 상황에서 겪는 어려움에 대해 아버지는 다음과 같이 말했다. "위기 상황에서의 큰 문제는, 우리도 그 위기의 일부가 되어 버린다는 데 있다. 위기를 헤쳐 나가는 과정에서 새로운 전략을 따른다고 하더라도 우리는 늘 기업의 입장이라는 색안경을 쓰고 모든 상황을 바라보지. 그런데 이는 위험을 초래할 수 있다. 그렇기 때문에 나는 독수리가 된 것처럼 높이 위로 올라가 회사와 새로운 전략, 그리고 현 상황에서 위기라고 부르는 것—비록 오늘날 우리가 위기라 부르는 것 중에 전혀 위기가 아닌 것들도 있지만 말이다—들을 거듭 내려다보며 추상적으로 이 회사가 내 회사가 아니라 완전히 다른 것이라고 상상하며 이렇게 자문해 보아야 한다고 생각한다. '이 시각에서는 상황을 어떻게 판단할 수 있는가? 내가 경영하는 회사가 아니더라도 똑같이 결정할 것인가? 또 나는 다른 영역에서 기업을 경영하는 사람들과도 대화를 많이 나눈단다. 뭔가를 따라 하기위해서가 아니고 내가 골몰해 있는 생각, 내 회사만의 일이라는 생각에서 벗어나기 위해서이지."

늘 옳은 결정을 내릴 수 있다는 환상

그래서 우리는 가능한 한 신속하게 직영점들을 철수하겠다는 계획을 세웠고, 임대인들과 협의하에 가능한 빠르게 임대 계약을 정리할 수 있도록 노력했으며, 안타깝지만 그 영향으로 일자리를 잃게 될 직원들과 면담을 진행했다. 이 시기는 모든 면에서 스트레스가 극심했던 때였다. 헌신적으로 일해 주었던 직원들과 헤어져야 할 뿐만 아니라, 수년간 잘될 것이라고 확고하게 믿고 있었던 비전을 포기해야 했다. 경영진은 수많은 질문에 답해야 했고, 그 내용은 대부분 불편한 것들이었다.

"최선을 다 하겠다."라고 말하는 것은 별 의미가 없다.
꼭 해야만 하는 일을 한다면 당신은 그것을 반드시 성취할 것이다.
_윈스턴 처칠

라토플렉스의 오프라인 상점을 철수하기로 한 결정이 과연 옳은 것이었을까? 글쎄, 잘 모르겠다. 얼마간의 시간, 한 십 년쯤 시간이 흐른 뒤 서로 다른 결정에 따른 결과가 어떠한지를 가늠해 볼 수 있는 평행 우주 같은 것은 존재하지 않기 때문이다. 그런 것이 존재해야만 비교가 가능할 것이다. 따라서 우리가 할 수 있는 일은 고작 개인적인 견해를 제시하는 것뿐이다. 그리고 그 사항에 관한 당시의 나의 개인적인 견해는 회사의 생존이라는 미래를 위한 중대하고 옳은 결정이었다는 것이다.

우리는 100% 옳은 결정을 내리는 게 가능하다는 환상과 작별해야 한다. 특히 기업의 운영이라는 맥락에서는 굉장히 다양하고 복합적인 요소를 고려해야 하기 때문에 결과에 대한 한 치의 의심도 없는 명확한 결정이란 불가능한 것과 다름없다. 그렇지만 나는 단 한 가지에 대해서만은 늘 분명한 확신을 가지고 있었다. 명확한 결정을 내린다는 것은 현재 시점에서 그 결과가 어떻게 될지 불확실하다고 하더라도 불안감을 해소해 주는 경향이 있다. 그리고 결정이란 내리기가 매우 어려운 경우에도 그 자체로 질서를 보장하고 방향성을 제시한다.

나는 이것이 바로 리더십의 진정한 목적과 일치하는 점이라고 생각한다. 어떻게 일을 진행해야 할지 그 과정을 확실히 하기가 어려운 때에는 어느 누구라도 당장 무엇을 해야 하는지 결단력 있고 명확한 결정을 내려야 한다. 그렇게 하기 위해 경영자가 해야 할 일은 오직 자신의 책임이 무엇인지 분명히 의식하는 것뿐이다(5장 참조). 여러 번의 위기관리 경험을 통해 학습한 가장 중요한 깨달음이 바로 이것이었다. 물론 회사의 이익과 직원 모두의 안녕이라는 측면에 있어서 최선의 결정을 내리기 위하여 나는 항상 모든 조언과 수치, 데이터와 사실 관계를 고려하려고 노력할 것이다. 그러나 이 모든 것을 반영해 내리는 결정은 어디까지나 하나의 결정일 뿐이다. 그 결정이 궁극적으로 옳은 것이어야만 한다는 과도하게 비현실적인 상상에 부응해야 하는 것은 결코 아니라는 사실을 늘 상기해야 한다.

기업에서의 업무 중에 우리는 다음 사항을 반복적으로 인식해야 한다. 명확한 결정은 방향성과 확실함을 만들고 우리가 가야 할 미래의 길을 정의한다.

경영의 삼박자

때때로 젊은 경영인들과 함께 마주 앉을 기회가 있다. 내 앞에 앉은 그들은, 간혹 이제 막 경영 대학을 졸업한 아주 젊은 친구들도 있는데, 자신이 배운 지식을 실전에 곧바로 적용해 보고자 하는 열정으로 활활 타오른다. 여러 해 동안 이런 젊은 경영인들을 만나며 나는 의욕적인 그들에게 으레 세 가지 질문을 던지게 되었다. 이러한 방식으로 건드리고자 하는 세 가지 요소는 소위 '경영의 삼박자'라고 이름 붙여도 좋을 것이다. 한 부서의 장, 또는 한 기업 전체를 이끄는 리더가 저지를 수 있는 모든 실수는 그 원인이 무엇인지 거슬러 올라가면 이 세 가지 요소로 분석할 수 있다는 것을 확신한다. 그렇기 때문에 이 세 가지 질문에 스스로 대답할 수 있는가가 좋은 경영인을 판단하는 데 있어서 중요한 역할을 한다고 생각한다.

- 진심으로 경영하고자 하는 의지가 있는가?
- 그 어떤 상황에서라도 결정을 내릴 준비가 되어 있는가?
- 그 어떤 상황에서라도 행동할 준비가 되어 있는가?

경영하고자 하는 의지, 결정하는 위치에 기꺼이 서는 기쁨, 당장이라도 행동할 수 있는 준비—또는 의지, 결단력, 행동력이라고 해도 좋다—이 세 가지는 리더십의 삼박자를 형성한다. 모든 것이 정상적으로 작동하고 있을 때는 이 세 가지 요소가 그 중요성을 거의 드러낼 일이 없을 것이다. 그러나 일단 위기가 닥치면 누가 이 세 가지 측면을 내면화했으며 누가 그렇지 않은지 즉시 알아챌 수 있다.

경영에 대한 의지

"경영인은 경영을 원해야만 합니다!" 불행히도 반대파의 암살 테러 희생자가 된 도이체방크Deutsche Bank의 전 CEO인 알프레드 헤르하우젠이 이렇게 말한 적이 있다. 그리고 이것은 매우 옳은 말이었다. 우리는 앞으로 기업의 리더십 문화를 크게 향상시키게 될 것이라고 믿는다. 사회와 정치의 구조적인 문제에 관해서도 마찬가지이다. 리더의 위치로 올라가기 원하는 사람이 이 질문에 대해 그렇다고 정직하게 대답할 수 있다면, 그리고 답하기에 스스로 의심이 드는 경우 깨끗하게 포기할 수 있다면 말이다. 가파른 커리어의 사다리를 오르고, 더 많은 급여를 받고, 시시때때로 보너스를 받고, 주변으로부터 능력을 더 많이 인정받는 것. 이 모든 것은 기업의 경영진으로서 발전하는 과정에서 마주칠 분명 유혹적인 요소들이다. 그러나 진정으로 다른 사람들을 이끌고자 한다면 좀 더 깊이 고려해야 할 것들이 있다.

이 질문들을 하게 된 이후, 실제로 딱 한 번 어느 경영인이 나에게 다가와 이렇게 말한 적이 있었다. "보리스, 생각해 볼 만한 질문들을 던져 줘서 고마워요. 밤새 곰곰이 생각해 보았는데요, 나는 관리직으로 일하고 싶지 않다는 것을 깨달았어요." 나는 그 사람이 이렇게 말했던 것을 매우 높이 산다. 왜냐하면 이 깨달음에 다다르는 과정 자체가 자기 성찰을 필요로 하는 것이기 때문이다. 그리고 장기적인 관점으로 볼 때 개인적 성향에 잘 맞지 않는다는 이유로 회사 측이 제안한 승진을 거절할 수 있는 사람은 많지 않다. 바로 그 점이 훌륭하다고 생각한다. 한 가지는 확실하다. 리더가 되려면 분명 치러야 할 대가가 있으며, 그 자리에 있기 원하는 사람은 대가를 지불할 준비가 되어 있어야 한다는 점이다. 적어도 그가 진지하게 임하고 있다면 말이다.

삶이, 그리고 사람들이 제각기 어떻게 발전의 궤도를 그려 나가는지는 확실치 않다. 나는 사람들이 나와는 꽤 다른 길을 선택한다거나 때로는 자포자기하는 경우도 있다는 것을 알고, 자주 경험했다.

우리가 삶에서 처하는 상황들은 수시로 변하고, 그에 따라 저마다의 꿈과 욕망이 생겨난다. 이것이 우리 내면의 태도와 삶의 우선순위를 변화시키기도 한다. 그렇기 때문에 지금 위의 질문에 대해 확실한 태도로 "예, 경영인이 되고 싶습니다."라고 대답한다고 해도, 얼마 지나지 않아 "이 길은 아마 제 길이 아닌 것 같아요."라고 말하게 될 수도 있다. 이렇게 사람과 삶이 지속적으로 변화하는 현실 앞에서, 항상 깨어 있어야 한다는 말은 결국 경영에 있어서도 언제나 커다란 불확실성이 존재한다는 의미이다. 그렇기 때문에 나는 경영인으로 살아가는 일상의 순간순간마다 위의 질문들을 반복적으로 상기하려고 노력한다.

경영자로서 살아간다는 것의 대가는 늘, 그리고 어디에서나, 특히 위기 상황이 눈앞에 닥쳐왔을 때 최전방에 서야 한다는 것이다. 최전방에 선 사람은 결정권자로서 스스로 내린 결정이 불러온 결과를 피부로 직접 느끼게 된다. 그리고 이끌고 있는 직원들을 그 결정의 영향으로부터 보호해야 할 큰 책임이 있다. 경영진은 상대를 받는 뿔이자 동시에 보호막인 셈이다. 팀원들이 힘겨워지고 더 이상 무엇을 해야 할지 알지 못할 때 경영자는 앞으로 나선다. 축구 경기에서 팀이 3대 0으로 뒤처지고 있을 경우, 하프 타임의 휴식 시간이 되면 모든 사람들은 감독을 찾을 것이다. 그리고 회사에서도 이것은 마찬가지다. 누군가 "네, 저는 경영자로서 회사를 이끄는 자리를 감당하고 싶습니다!"라고 말할 때는 이 결정이 상호 도움으로 서로에게 확신을 가지게 하는, 결혼 약속과 마찬가지라는 사실을 인식하고 있어야 한다. 모든 것이 좋은 시기와 한없이 나빠지는 시기 모두 동일하게 적용되어야 한다는 점을 분명히 의식한 약속이어야 한다는 의미다. 충분히 고려하지 않은 채 결정하거나, 자신에게 주어진 리더의 과제와 책임을 그다지 중히 여기지 않는 사람은 스스로에게, 그리고 미래에 이끌게 될 직원들에게 득이 되는 일을 할 수 없을 것이다.

결정하려는 의지

앞서 언급했듯이 경영자가 지녀야 할 리더십의 핵심 과제는 결정을 내림으로써 불확실한 상황에서 명확성을 제공하는 것이다. 장래에 한 기업의 리더가 되고자 하는 사람은 어떤 상황에서든 자신이 결정을 내리는 책임을 감당할 준비가 되어 있는지 자문해 보아야 한다. 성격이 다소 불안정하고 주변 사람들과 조화롭게 지내기 어렵거나 결정을 내리는 데 미숙한 사람들은 아마 올바른 결정이란 어떻게 내리는 것인지 알지 못할 것이다. 그 방법을 깨닫기 위해서는 스스로의 성격에 대한 솔직하고 가감 없는 분석이 필요하다. 내가 보기에 모든 사람들은 똑같이 귀중한 가치를 지닌다. 그렇지만 관리자로 성장하기에 더 유리한 사람은 결국 불편함이나 상실감 또는 압박감을 비교적 덜 느끼는 사람들이다.

경영자가 정말 결정을 내리고자 하는 의지가 있는지 여부는 위기 상황에 맞닥뜨렸을 때 마치 돋보기를 가져다 댄 것처럼 분명해진다. 그런 때에 리더가 분명한 결정을 내려야 하는 상황을 계속 회피하여 직원들이 매우 낙담하는 경우를 주변에서 자주 볼 수 있었다.

결정을 내리기 전에 각 선택지의 장단점을 평가하여 가장 현명하고 적절한 결정을 내리려 노력해야 한다는 것은 당연한 일이다. 단순히 어떤 결론이든 일단 결정하고 보자는 것이 아니기 때문이다. 만일 지금 이야기하는 것이 그런 것에 불과하다면 아무나 동전을 던지게 해서 어떤 면이 나오느냐에 따라 결정해도 좋을 것이다. 디터 토스트는 자신이 관리자로서 가지고 있는 위기에 대한 접근 방식을 다음과 같이 설명한다. "나에게 있어서 가장 중요한 점은, 돌아 나올 길조차 없는 막다른 골목으로 진입하지 않는 결정을 하는 것입니다. 내가 지금 내린 결정이 단지 차선책에 불과하다면 반드시 다른 대안이 가능하지는 않은지 한 걸음 물러나서 탐색해 보아야 한다는 것이지요."

리더로서 내린 결정이 항상 모든 사람들의 동의를 얻을 수 있는 것은 아니다. 그럼에도 불구하고 경영하는 위치에서 다른 사람들을 이끌어 나가려는 사람은 어느 시점에서는 태도를 분명히 해야 한다. 이것이 관리자로서 중대한 결정을 할 때 치러야 하는 대가이다. 어떤 결정에 대해 회사의 구성원들 모두가 호의적이지 않거나 즉각적인 환영 의사를 표하지 않을 때 놀랄 필요는 없다. 일부는 저항할 수도 있을 것이다. 그럴 때 당황하거나 멈추는 대신, 다른 의견을 다루는 법을 배워야 한다. "결정을 내릴 때는 그 결정이 박수를 받는지, 그렇지 않으면 격한 저항에 부딪히는지라는 질문에 의존하면 안 됩니다." 디터 토스트는 이것을 매우 강조한다. "즉각적인 반응은 첫인상과 같은 것입니다. 그것에 좌지우지되기보다는 오히려 장기적으로 옳은 결정이 무엇인지에 대해 생각해야 합니다." 바로 이것이 가장 중요한 점이다. 우리는 경영자로서 장기적인 시각에서 의사 결정을 검토하고, 리더로서 앞으로 일어날 일들을 예측하여 생각하고 행동해야 한다.

행동하려는 의지

위기에 대하여 명확한 결정을 내리는 것으로 첫 번째 단계는 완료되지만, 그 후에는 결정된 사항을 행동으로 옮겨야 한다. 의사 결정 과정 이후에는 그에 따르는 결과가 있으므로 문제의 해결을 위해서는 시의적절한 조치가 무엇인지 선택하고 그것을 제대로 이행해야 한다. 당연하게도 지난 25년 동안 우리 회사에는 셀 수 없이 많은 상황들이 있었다. 그때마다 모두들 각자가 해야만 하는 일에 대해 분명하게 설명했지만, 그럼에도 적극적으로 행동에 나서는 사람은 없었다. 기본적으로 내가 생각하는 경영진을 대상으로 한 교육은 스포츠 의류 브랜드인 나이키의 슬로건으로 끝맺어야 한다. "행동하라 Just do it!"

결정하는 것과 마찬가지로 행동하는 것 또한 내적 과정에 해당하며 의지의 표현이다. 자기 자신과 팀원들을 움직이게 하는 적극적인 조치인 것이다. 특히 위기를 겪는 시기에 사람들은 경직되고 사건 자체를 외면하고 싶어 하는 경향이 있다. 유능한 리더라면 이러한 경직을 극복할 수 있어야 한다. 늘 그렇지만 불행하게도 이것을 해결할 수 있는 통일된 체계 같은 것은 없다. 이 말인즉슨 각 그룹 리더의 특성과 그 사람이 내뿜는 리더십의 에너지에 따라 다소 차이가 있다는 의미이다. 누군가는 이것을 카리스마라고 부를 수도 있다. 그것을 뭐라고 표현하든, 중요한 것은 직원들이 스스로 행동하고 싶도록 갈증을 느끼게 하는 일이라고 생각한다. 경영자로서 우리는 언제나 가장 첫걸음을 앞장서 내딛고, 다른 사람들에게 거기서 얻은 자신감을 전달해야 한다. 그 과정에서 우리가 할 수 있는 일은, 회의에서든 개인 면담에서든 상대가 행동에 돌입하도록 격려하는 시도에 제대로 불이 붙기를 희망하는 것뿐이다.

이러한 이유로 나는 경영진을 대상으로 한 리더십 교육을 진행할 때 특히 앞서 말한 세 가지에 중점을 두고 있다. 이 세 가지 필수 요소 중 단 한 가지만 빠진다고 해도 위기 상황을 수월하게 타개해 나가기 어려울 것이다.

나쁜 군대는 없습니다, 장군.

오직 나쁜 지휘관이 있을 뿐입니다.

__보나파르트 나폴레옹 1세

명확한 결정: 기꺼운 의사 결정과 그 결과

바네사 베버는 대략 25명의 직원을 보유한 독일 아샤펜부르크의 공구 전문 기업인 베르크초이크 베버의 소유주이자 대표 이사다. 4대째 물려받아 회사를 이끌고 있는 그녀는 18세에 회사를 맡은 후 200만 유로에 머물렀던 연 매출을 1천만 유로 이상으로 다섯 배 가까이 성장시켰다.

현재는 30대 후반의 나이로, 다른 사람들이 기업가 정신을 적극 내면화하도록 격려하는 내용의 강연을 하고 있다. 무엇보다도 그녀는 여성이 리더십을 발휘할 수 있도록 동기를 부여하고자 한다. 그녀는 스스로를 "행동력 있는 사람"이라 묘사하며 여가 시간을 이용하여 사회와 공동체를 위한 다양한 프로젝트에 참여한다.

Q   당신이 사업을 시작한 때가 언제였는지 들었을 때 저는 얼마나 놀랐는지 모릅니다. 공구 사업에 뛰어들었을 때 겨우 열여덟 살이었다고요! 그 나이 대의 대부분 젊은이들은 아직 여전히 머릿속이 소란스러울 때 아닌가요? 대관절 어떻게 된 일입니까?

<u>A</u>　가족이 운영하는 기업이라, 이른 시기에 경영에 투입되는 것이 우리 가족에게는 사실 그렇게 드문 일은 아닙니다. 아버지는 열일곱 살 되던 해에 할아버지가 갑자기 돌아가시는 바람에 경영 일선에 뛰어들어 회사의 일부를 맡아야 했습니다. 그래서 아버지가 원하셨던 것은 장기적인 계획에 의한 회사의 구조 조정이었어요. 또 경영권을 일찍 넘겨주기를 원하기도 하셨고요. 아버지와 맥주를 한잔하러 갔을 때 비공식적으로, 그리고 강요는 전혀 없이 제게 물어보셨죠. 회사를 맡고 싶은지 말입니다. 그렇지 않다면 매각할 것이라고 말씀하셨어요. 솔직히 말해서, 그 순간에 저는 나를 기다리고 있는 것이 무엇인지, 그리고 이것이 어떤 결과를 가져올지 정확히 알지 못하는 채로 즉흥적으로 별생각 없이 그러고 싶다고 대답했답니다.

당시 저는 열여덟 살이었고 장식용품 도매상에서 도매 판매업 및 대외 무역업 분야로 견습 생활을 마친 상태로, 대학에 진학하여 경영학을 공부하고 싶었습니다. 그리고 공부하는 틈틈이 가족이 운영하는 회사의 일을 도우며 경영의 실제를 엿보아야겠다고 생각했습니다. 이것이 기본 계획이었죠. 그렇지만 아버지 건강에 문제가 생겨서 곧 계승 절차를 시작해야 했습니다. 그래서 학위 과정에는 들어가 보지도 못하고 곧장 내부 훈련 과정으로 돌입했습니다. 그로부터 3년 동안 저는 회사 내의 모든 부서를 다니면서 경영에 관한 모든 것을 배우느라 바쁜 시간을 보냈습니다. 그리고 22세가 되던 해에 저는 경영권을 완전히 넘겨받게 되었습니다.

Q   그때 만일 경영권을 물려받지 않기로 결정했다면 지금 당신이 어떤 모습이 되어 있을지 궁금해한 적이 있습니까? 오늘날 가지게 된 경영 승계나 리더십에 관한 지식으로 다른 일을 하면 어떨까요?

A   물론 다른 결정을 내렸었다면 어떤 일이 일어났을지 생각해 보거나, 그랬다면 제 인생이 어땠을지 상상해 본 적이 있습니다. 지금과는 다소 달라 보이더군요. 그렇지만 저는 회사를 경영하기로 한 이후의 삶의 궤적을 결코 후회한 적이 없어요.

그건 그렇고, 회사 경영에 있어서 후임자로 예정되어 있는 사람들에게 추천하는 것이 하나 있습니다. 그 정도로 과감한 변화를 위해서는 충분한 시간을 두고 고민하는 것이 맞아요. 거듭 신중하게 생각하고 결정을 내리십시오. 성공의 기회로 받아들이는 것뿐 아니라 그와 관련된 한계와 짊어져야 할 의무도 알고 있어야 합니다. 경영인으로서의 자세와 커다란 책임 의식은 물론 기본적으로 요구되는 사항이지만 그러한 태도를 내면화하는 데는 당연히 시간이 걸리게 마련이니까요.

그래요, 제 경우에는 모든 것이 잘 진행되었고 적절한 순서로 발달하고 있었지만, 아버지의 건강 상태 때문에 갑자기 100% 온전히 경영인으로서의 길에 올라서게 된 셈이에요. 지금에 와서 생각해 보면 침착하게 제 결정에 대해 숙고하기 위한 약간의 시간이 있었다면 어땠을까 싶기는 합니다.

Q 라토플렉스의 경영권 승계에 있어서 저는 아버지가 회사의 경영권을 그 어떤 오해의 여지도 없이 분명하게 넘겨준 것에 대해 매우 감사하는 마음이었습니다. 당신의 경우에는 어땠나요?

A 제가 아버지에 관해서 완벽하게 인정하는 것은, 제가 하는 일이 늘 잘되는 것만은 아니었음에도 처음부터 완전히 자유롭게 해 주었다는 점입니다. 아버지는 비판적인 사람이지만 기본적으로 새로운 생각들에 대해 매우 개방적인 태도를 가지고 있습니다. 회의적인 생각이 들더라도 아버지는 제가 허용하지 않는다면 무엇을 하고 무엇을 하지 말아야 한다는 식의 참견으로 제가 하고자 하는 일을 방해하는 일은 없었습니다. 결정은 오직 저에게만 달려 있었던 것입니다. 이 말은 곧 저는 제 생각에 옳은 결정이라면 무엇이든지 추진할 수 있었다는 얘기이기도 합니다. 그런가 하면, 저는 스스로 내린 결정에 대해서는 흔들리지 않는 태도를 유지해야만 했지요. 그것이 엄청난 책임감을 요구하는 일이었다는 것에는 재론의 여지가 없습니다.

Q 보통 어떤 과정을 거쳐 결정을 내리십니까? 철저히 계획하고 숙고하는 편입니까, 아니면 직감을 믿고 밀어붙이는 편입니까? 결정이 잘못되었다는 것을 알았을 때는 어떻게 수습합니까?

A 왜 그런지 모르지만, 개인으로서의 저는 많은 일에 있어서 주저하곤

합니다. 때로는 메뉴판을 앞에 두고 무엇을 주문하면 좋을지에 대해 생각하면서 한참 시간을 보냅니다. 그런데 또 다른 경우에는 완전히 충동적일 때도 있습니다. 휴대폰을 바꿀 때, 하나부터 열까지 따져보고 분석하는 사람들도 있지 않습니까, 계약 조건은 어디가 가장 좋은지, 배터리 수명이 가장 긴 모델은 무엇인지, 화면 밝기는 어떻게 조절하는지, 저장 용량은 얼마나 되는지! 도대체 어떻게 그러는지, 지켜보고 있으면 저는 답답해서 미칠 것 같은 느낌이 들어요! 저는 "아, 이게 마음에 드네요. 이걸로 할게요!"가 끝이거든요.

반면에 예컨대 회사에 어떤 안건이 있으면, 잠깐 사이에 저는 그렇게 하고 싶은지 아닌지 알 수 있습니다. 심지어 그 결정이 중요한 것일수록 확신은 더 강해지지요. 물론 이제는 기업가의 시각에서 그 결정이 옳은 것인지 그렇지 않은지를 자문할 수 있게 되었지만요. 지금까지는 이 방식이 문제없이 작동해 왔다고 말할 수밖에 없겠네요.

물론 제가 내린 수많은 결정 중에는 잘못된 것도 있었겠지만, 그것들은 대부분 인사와 관련된 결정이었습니다. 저는 인간의 선의에 대한 기본적인 신뢰가 있어요. 그런 측면에서 조금 지나치기 때문에 비싼 수업료를 치르고 배워야 할 것들이 있었지요. 가끔은 동료들에 대해 좀 더 비판적이어야 할 때도 있는 것 같습니다. 하지만 그럼에도 불구하고 저는 여전히 낙관적인 사람이며 실망할 때보다 즐거운 놀라움을 선사받을 때가 더 많답니다.

Q   다른 기업가나 기업의 경영진들에게 하고 싶은 말이 있습니까?

A   자신의 역량을 잘 알고, 빈틈이 있는 부분에 대해 구체적인 도움을 받거나 그 부분을 지속적으로 발전시켜 나가는 일은 매우 중요합니다. 한 개인으로서 계속해서 자기 계발에 힘써야 한다는 것은 우리 인생의 영원한 과제이지요.

스스로의 강점과 약점을 파악했다면 자신이 속한 팀이 '둥글둥글한' 모양이 되도록 설계해야 합니다. 서로 다른 강점과 약점을 지니고 있고, 바로 그렇기 때문에 각기 다른 관점을 가진 사람들과 교류하는 것 또한 중요한 일입니다. 어려운 결정을 앞두고 허심탄회하게 상담할 수 있는 경험 많은 멘토여도 좋고, 또는 멘토 역할을 하는 동시에 함께 일하는 직원이나 동료여도 좋습니다. 이들 모두는 다른 관점과 유용한 주장을 제공해 주는 원천이 되지요.

브레머푀르데의 혁명

1935년은 새로운 사업을 시작하기에는 그다지 좋지 않은 해였다. 그로부터 2년 전, 국가 사회주의 독일 노동당NSDAP(나치)은 독일 내의 권력을 장악하고 독재 정권을 수립했다. 그리고 우리가 모두 알다시피, 매우 강력하게 정적들을 제거해 나갔다. 두 분 다 사회주의 노동당 청소년 연합SAJ 출신이었던 나의 조부 칼 토마스와 조모 안네리제 토마스 또한 그런 사실을 잘 알고 있었다. 조부는 곧 사업체를 시작했다. 브레머푀르데에서 자기 이름을 딴 가구 회사인 칼 토마스를 설립한 것이다.

그러나 타이밍이 좋지 않았던 이유로 할아버지가 설립한 회사는 얼마 지나지 않아 문을 닫아야 했다. 특히 브레멘 근교 지역인 토이펠스무어 출신의 공산주의 예술가 하인리히 포겔러와 함께 일했던 것이 발목을 잡았다. 하인리히 포겔러가 스탈린 정부를 선전하는 포스터를 그리는 데 합류하기 위해 모스크바에 머무는 동안, 할아버지는 감옥에 갔다가 동부 전선으로 파병되었다.

전쟁을 겪는 동안 두 자녀를 홀로 키워야 했던 것은 할머니에게 특히나 힘겨운 일이었다. 그녀는 근처의 하제펠트라는 지역에 있는 친척 집으로 향했고, 그곳에서 가족은 종전 후 영국에 전쟁 포로로 붙들린 남편, 그리고 아버지가 귀환하기를 기다렸다.

종전 후 조부는 사업을 재건하기로 결심했다. 운이 좋은 탓도 있었고, 특별한 우연이 작용하기도 하여 할아버지는 스위스인인 휴고 데겐과 알고 지내게 되었다. 그는 허리 통증이 있었던 아내를 위해 특화된 침대를 개발한 사람이었다. 그리고 나의 아버지인 빌프리드 토마스와 함께 1960년대 브레머푀르데에서 세계 최초의 갈빗대 침대 프레임을 개발하여 생산하고, 그 이름을 '라토플렉스'라고 지었다. 세 기업가가 해낸 일은 퍽 대단한 것이었다. 오늘날만큼은 아니지만, 당시에도 이미 허리에 통증이나 문제가 있는 사람들은 충분히 있었다. 요통 환자를 위한 특별한 침대의 필요성이 존재했던 것이다. 동시에 안타깝게도 그 필요에 반하는 움직임 또한 분명히 있었다.

줄줄이 이어진 목재 뼈대 위에서 잠을 잔다는 발상을 사람들은 비웃었다. 우리가 선보인 신제품을 사고 싶어 하는 사람이 없었다. 나무를 엮어 만들어진 갈빗대 프레임을 보면 사람들은 안락하고 편안한 잠자리를 떠올리기보다는 정원의 울타리를 연상했다. 아버지와 할아버지는 다른 가구 업계 사람들에게 조롱의 대상이 되었고, 메탈 프레임을 사용하는 전통적인 매트리스 제조업체들은 브레머푀르데에서 시작된 우리의 혁신을 막기 위해 갖은 노력을 다했다. 언론에 우리에 대한 험담을 퍼뜨렸고 우리 회사와 일하기를 원하는 딜러를 해고했다. 그 후 10년은 매우 힘들고 어려운 시기였다. 그럼에도 불구하고, 이 가혹했던 시작은 어려운 시기를 이겨 낸 신화적인 기업 문화를 만들어 냈다. 우리만의 기업 문화는 어려운 시기와 끝없는 위기를 버텨 낸 그 시절에 뿌리를 두고 있다. (이는 7장에서 자세히 설명하겠다.)

진정한 리더십

모임 자리에 나가 위기 상황을 막 겪고 있는 사업가 동료들을 만나면 다음과 같은 불평불만을 들을 때가 있다. "우리 직원들이 조금 더 용감했으면 좋겠어요!", "직원들이 새로운 것에 과감하게 도전했으면 해요", "난 아무래도 영 별로인 사람들을 고용한 것 같아요. 도무지 변화를 원하지 않는다니까요!" 나와 같은 경영인들과 수년에 걸쳐 만나 오며 알게 된 점이 있다. 바로 리더는 항상 자신에게 가장 걸맞는 직원을 거느리게 된다는 사실이다! 이렇게 말하면 별로 좋아하지 않을 사람들이 있다는 사실을 잘 안다. 하지만 사실 나 자신이 불안해하고 낙담한 상태에서 단호하게 변화를 감행하지 않는 경우, 내가 이끄는 팀의 팀원들에게도 이를 기대해서는 안 된다. 반면에 가장 불확실한 상황에서도 용감하게 그다음 단계를 준비할 수 있다면, 팀원들 또한 더욱 확신을 가지고 적극적으로 참여하게 될 것이다. 그 확신의 근거가 확실하다면 말이다(4장 참조). 수십 년 동안 동일한 경영진이 이끌고 있는 회사에서 직원들에 대해 항상 너무 불안정하고, 결단력이 부족하고, 수동적이라는 불만이 지속적으로 있는 경우를 상정해 보자. 직원들은 새로 들어오기도 하고, 그만두기도 한다. 그런데도 계속해서 같은 불만이 생긴다면 어느 시점에서 이런 질문을 던져 볼 수 있을 것이다. "모든 상황에 항상 동일하게 있었던 것은 무엇, 혹은 누구인가?" 경영에 있어서 리더십은 항상 타고난 성격과 그것을 어떻게 개발할 것인가의 문제이다.

이 결론이 많은 경영진들에게는 매우 불편할 것이리라 생각된다. 그것을 내면에 새기고 있는 리더라면 더 이상 '나쁜' 직원에 대한 불만을 제기할 기회가 없어지는 것과 마찬가지다. 본인에게 팀 구성에 대한 책임이 있는 셈이기 때문이다. 물론 가끔은 정말로 다른 팀원들과 잘 맞지 않는 한 사람의 직원이나 관리자가 존재할 때도 있다는 것을 인정한다. 그러나 그럴 때에도 리더는 적절한 해결책을 찾아야 한다. 다른 표현으로는 명확한 결정을 내려야 한다는 말이다.

모든 상황이 좋은 시기에는 파티라든지 저녁 식사 초대, 휴가나 기분 전환과 같은 많은 사회적 장치들을 윤활유로 사용할 수 있다. 그러나 위기 상황 속 긴장감이 상승하고 불안이 닥칠 때, 우리는 이 위기를 아무런 피해 없이 단숨에 반쯤은 타개하게 해 줄, 그래서 당장 꼭 필요한 서로 간의 응집력이 결여되어 있음을 분명히 보게 된다. 그렇기 때문에 이때 불거지는 갈등은 실제로는 존재하지 않는 문제를 해결하려고 하기 때문에 발생하는 것일 수 있다. 이럴 때 리더에게 요구되는 것은 질서와 방향성을 제시하는 것이지만, 문제를 해결하려는 부담이 앞서 직원들 사이의 분위기를 들쑤셔 놓기만 하는 경우도 있다.

당근과 채찍

매출이 점점 감소하고 목표했던 수치에서 멀어질수록 스트레스 수준이 높아지고 빠른 해결을 원하게 된다. 자리에 앉아 침착하게 실제로 무슨 일이 일어나는지 파악하는 대신, 그러니까 문제의 진정한 본질을 분석하고 그것에 바탕을 둔 현명한 결정을 도출하는 대신, 자신감이 없고 경험이 부족한 경영진은 소위 당근과 채찍이라고 알려진 조작과 통제를 통한 제어 방식을 선호한다. 코앞에 당근을 대고 흔들면 당나귀는 더 힘껏 움직일 것이다. 나는 이러한 방식을 시도하는 이면에는 항상 "나는 당신이 내가 원하는 방향으로 움직일 것을 믿지 않기 때문에 무언가 다른 것의 도움이 필요하다."는 메시지가 자리한다고 생각한다. 너무 냉정하게 들릴지도 모르지만 어쨌든 그것이 민낯 그대로의 진실이다. 그리고 많은 기업들이 이러한 조작을 통한 제어 시스템을 오늘날까지도 변함없이 사용하고 있다.

이미 수년 전에 우리 회사는 여러 단계의 수당과 인센티브 제도를 완전히 폐지했다. 어른이라면 서로를 그런 것을 빌미로 다투어서는 안 된다고 생각했기 때문이었다. 내가 가지고 있는 가치 기준에 맞지 않는 일이기도 했다. 그래서 결국 올해의 인센티브는 얼마인가에 대한 끝없는 논의가 매년 반복되는 것이 나를 질리게 만들었다. 인센티브 시스템은 특히 위기 상황을 맞이했을 때 회사의 구성원들이 문제 해결에 열정적으로 참여하는 자발성을 해치는 경향이 있다고 본다.

불신과 통제

특별히 위기 상황에서 서로 간의 신뢰와 관계가 얼마나 중요한지는 이 책의 4장에서 살펴보았다. 기업 문화에 있어서 든든한 버팀목이 되는 이 두 기둥은 경영자의 스타일에 따라 뿌리부터 흔들릴 수도 있다. 어떻게 관리하거나 이끌어 나갈 것인지를 반영하는 결정 하나하나에는 치러야 할 대가가 있다. 그렇기 때문에 회사에 지속적인 변화를 도입하려고 할 때, 또는 그것이 회사에서 예상했던 대로 작동하지 않는 이유를 찾으려고 할 때 결정은 반드시 뚜렷한 상황 인식과 더불어 이루어져야 한다.

위기 상황에 처했을 때 기업 내에 통제적 요소가 도입되는 경우가 그리 드물지는 않다. 갑작스럽게 모든 지출을 영수증으로 증빙해야 하고, 각종 숫자들은 이중, 삼중으로 확인해야 한다. 최고 수준의 통제를 통해서만 위기를 극복할 수 있다는 전제를 받아들이면 회사 내 구성원 중 그 누구도 스스로 책임을 다할 수는 없다. 기업은 이렇다 할 잘못이나 책임 없이 수십 년 동안 성실히 일해 온 직원들을 어깨 너머에서 엄중히 감시하며 일거수일투족을 통제하기 시작한다. 대체 왜 그래야 하는가?

자기 계발 강사 한 명이 한번은 나에게 이렇게 말한 적이 있다. "트롤 중 최악은 컨트롤이에요!" 그가 말하고자 한 바는 통제의 기본이 항상 두려움에 바탕을 두고 있다는 뜻일 것이다. 우리는 위기가 더 악화되고 실패의 범위가 넓어질까 걱정한다. 그리고 이 두려움으로 인해 성급하게 행동하기도 한다. 그런 성급한 행동이 신뢰의 기반을 영구적으로 파괴할 가능성이 있다. 한번 망가진 신뢰 관계를 다시 자라게 하려면 엄청나게 많은 시간과 노력이 필요하다. 그리고 애초에 회복이 불가능할 수도 있다.

신뢰할 수 있는 리더십

나는 종종 스스로에게 경영이 왜 필요한지, 아니, 경영이라는 것이 과연 필요하긴 한 것인지 묻곤 했다. 한번 솔직해져 볼까? 일상적으로 회사 생활을 하는 거의 모든 직원들은 관리자 없이도 자신이 맡은 업무를 문제없이 수행할 수 있다. 특정 부서 또는 직원들 개개인에게 무엇을, 언제, 어떻게 해야 하는지 알려 주는 시범 조교는 필요하지 않다는 말이다. 나는 별문제가 없는 좋은 상황에서는 경영진이 직원들이 각자의 일을 할 수 있도록 놓아두는 것으로 충분하다고 믿는다. 지속적으로, 그리고 특별한 이유 없이 각 직원이 업무를 수행하는 과정과 그 작업 방식에 끼어들어 간섭하는 감독자 이상으로 나쁜 것은 없다. 그리고 결과적으로 이들은 사내에 형성되어 있는 문화마저 파괴하는 셈이다. 일상적인 비즈니스 환경에서 관리자는 되도록 존재감을 드러내지 않아야 하며, 가능한 한 팀원들을 방해해서는 안 된다.

　우리 팀에서 함께 일하는 대부분의 사람들이 자신의 업무에 있어서는 내가 할 수 있는 것보다 훨씬 더 나은 수행 능력을 가지고 있다. 예를 들어 나는 상품 관리 시스템을 이용해서 라토플렉스 침대 납품 계약을 체결할 줄 모른다. 또한 인쇄소에 전단지 인쇄를 맡기는 데 무엇이 필요한지, 또는 제조 소프트웨어를 사용하여 새 제품에 품목 번호를 붙이는 방법도 알지 못한다. 이 모든 일들에 있어서 나의 존재는 완벽하게 불필요한 것이다. 그리고 그것은 그대로 좋다. 경영에 있어 내 목표는, 일상적인 업무 환경과 관련하여 가능한 한 불필요한 리더가 되는 것이다. 직원 모두가 각자 자신이 해야 할 일이 무엇인지 잘 알고 있다고 확신한다. 통제 강박이 있는 것처럼 행동할 필요도 없고, 사실 그럴 시간도 없다.

　그렇다면 실제로 경영자로서 보일 수 있는 덕목에는 과연 무엇이 있는지에 대한 의문이 들 수 있겠다. 나는 수년에 걸쳐 그 질문에 대한 답을 찾을 수 있었다. 경영자로서의 리더십이란 다른 사람들이 아무도 결정하지 않을 때 결단력을 발휘해야 하는 것이다. 경영자는 현재의 상황이나 미래의 방향성에 대해 불확실성이 지배적인 때에 보다 명확한 비전을 제공할 책임이 있다. 비유적으로 설명하자면, 모든 상황이 확실하고 바다 표면이 평온하게 잠잠한 한 리더는 팀원들이 알아서 하는 일에 기댄 채 갈 수 있다. 그러나 폭풍이 닥쳐 파도가 배를 이리저리 몰아 대면, 물이 새는 곳이 생기고 선원들은 공황 상태가 되어 격렬한 반응을 보인다. 이럴 때 선장은 그들이 안전하게 건널 수 있는 다리 역할을 하며, 명확한 방향을 제시하고 항로를 설정해야 한다. 그렇지 않으면 배 전체가 침몰하여 난파선이 될 위험에 처하게 된다.

여기서 매우 중요한 것이 있다. 사실 회사의 구성원들에게는 우리가 제시한 방향을 반드시 따르거나 우리의 결정을 지지할 의무가 없다는 것이다. 따라서 관리자로서 우리는 사람들을 게임에 직접 참여하는 플레이어의 역할을 하도록 바꾸어야 한다. 나는 직원들이 투명하고 정직하고 진실한 방식으로 정보가 제공되며, 자신이 현재 상황에 일정 부분 참여하고 있다고 느낄 때는 불쾌할 수 있는 결정조차도 지지하게 된다는 것을 경험으로 알게 되었다.

어려운 결정을 내릴 때 모든 직원에게 이를 알리는 메일에 이해하기 쉽고 보편적인 단어를 사용하여 설명하는 것은, 지적인 언어로 전달하는 것 이상으로 어려운 일이다. 또한 비대면적 의사소통 방식이라 거리감이 느껴지는 유선상 회의나 스카이프 등을 이용한 화상회의를 하는 것보다 훨씬 많은 시간을 투자해야 한다. 사람들을 감정적으로 움직이게 해야 하기 때문이다. 그리고 이러한 점은 긍정적인 의미에서 사람들 사이에 끊임없는 개방성을 심어 준다. 그리고 결국에는 이 개방성이 더 많은 신뢰를 얻는 발판이 된다. 신뢰가 바탕이 되면 '내가 들은 것이 완전한 진실인가?' 같은 질문은 나설 자리도 없게 된다. 구성원 모두가 서로에게 진지하게 받아들여진다는 느

낌을 가지기 때문이다. 이것이 그 어느 때보다 더욱 빛을 발하는 때
가 바로 위기의 순간이다.

두 가지 차원

————

결정을 내릴 때는 항상 두 가지 차원을 고려해야 한다. 한 가지
는 외부의 구체적인 행동이다. 당연히 일단 무언가 해야만 하기 때
문이다. 부서를 재구성하고 조직도를 다시 작성하며 고객 확보 프
로그램을 가동하거나 새로운 광고 캠페인을 시작해야 한다. 이 모든
것이 옳은 일이고 또 중요한 일이기도 하다. 모든 것이 순조롭게 진
행되기 위해서는 관련된 사람들 간의 탄탄한 네트워크가 도움이 된
다. 우리 모두가 잘 알고 있는 대로, 위기로 인해 변화를 도모할 때,
때로는 모든 것이 시계태엽처럼 정확히 작동한다. 실제로 조직된 것
이 전혀 없거나 누가 어떤 업무를 담당할 것인지 정하지 않았더라
도, 일이 저마다 자기 자리를 스스로 찾아가는 것이다. 그러나 때로
는 구체적인 조건들이 거의 다르지 않은데도 처음부터 위태위태하
고 삐걱거리는 경우도 있다.

변화를 도모하는 시기에 성공 또는 실패 여부를 가리는 데 훨씬
더 중요한 것은 감정적인 차원의 문제인데, 보통은 이것에 충분한
주의를 기울이지 않는 경향이 있다. 우리가 볼 수 있는 것은 외적인

징후로 드러나는 것, 즉 저항뿐이다. 분명 옳은 일을 하거나 옳은 말을 하고 있음에도 그것이 기대했던 효과를 내지 못하는 것을 수없이 경험해 보았을 것이다. 그러면 싸움이 시작되고, 마치 계란으로 바위를 치고 있는 것 같은 느낌을 받게 된다. 내 경험에 따르면 저항의 진정한 원인을 찾으려면 더 깊이 파고들어야 한다. 무의식적인 염려와 말하지 못한 두려움이 있는가? 당사자들은 변화를 어떤 관점에서 고려하고 있는가? 신뢰의 기초와 사람들 사이의 관계는 어떤 상황인가? 이런 것들은 파악하기 매우 어렵고 비교할 만한 대상도 없지만, 위기를 극복하기 위한 변화 과정을 성공으로 이끌기 위해서는 다른 무엇보다 더 결정적인 역할을 하는 것들이다. 인간은 오직 합리성만을 기준으로 행동하는 합리적 존재는 아니다. 우리가 감정적 편안함을 느끼고 거기에서 힘을 발휘하기 위해서는 감사, 타인과의 관계, 신뢰, 그리고 안정이 필요하다. 특히 변화가 큰 시기에, 그리고 지금까지 가져온 믿음에 대해 의문이 생길 때, 모든 것이 결국에는 잘될 것이라는, 개개인이 보내는 신뢰가 필요하다. 경험상 이 정서적 차원이 가진 힘은 선의에서 비롯되고, 오래 생각해서 내놓은 그 어떤 업무적 전략보다 강력하다.

따라서 이러한 깊은 정서적 차원에 대한 인식을 새롭게 하고, 팀원들이 현재 서 있는 위치가 어디인지, 그들이 하는 우려가 무엇인지, 그리고 무언의 걱정이나 두려움이 있는지를 예민하게 느끼는 것이 중요하다. 그런 다음 때때로 발생하는 민감한 문제를 신중하게

해결하고, 의심을 제거하고, 성공적인 의사 결정을 촉진하는 것이
리더의 임무이다.

깊은 곳에서

회사 내의 한 부서를 아주 깔끔하게 정돈한 적이 있었다. 각 구
성원이 담당하는 직무를 정확하게 정의했고, 견고한 조직도가 있었
으며, 모든 사람이 자기가 해야 할 일을 정확히 알고 있었다. 그런데
그럼에도 불구하고 갈등과 분쟁이 일상적으로 벌어졌다. 나는 리더
로서 친절함을 잃지 않는 범위 내에서 경고성 단체 메일을 작성해서
사내에 전송해야 할 것 같았다. 그렇지만 "지금의 싸움을 멈추고 서
로 평화롭게 지냅시다."라든지 그와 비슷한 그 어떤 말을 한다고 해
도 사실은 별 효과도 없고, 그것이 나의 리더십과 문제 해결 능력을
긍정적으로 조명하는 데 아무런 영향도 없을 터였다. 아마 누구라도
할 수 있는 생각일 것이다. 이러한 경우 당사자들을 둘러싼 감정과
실제로 이러한 긴장이 발생하는 이유를 면밀히 살펴보는 것이 보다
목표에 충실할 수 있는 길이다. 이것은 곧 표면에서 떨어져 더욱 깊
은 곳으로 들어가야 한다는 말이다.

정확히 이것이 바로 우리가 시스템적인 구조화 작업의 도움으로
할 수 있었던 일이다. 예컨대 이를 통해 일부 직원들이 일상 업무에

서 자신이 거의 보이지 않는 것처럼 취급되거나 본인이 하는 일이 충분히 가치 있게 평가받지 못한다고 느끼고 있음을 알게 되었다. 이러한 불균형 해결이 바로 해당 부서의 구성원들이 더욱 조화롭게 지낼 수 있게 하는 진정한 열쇠였다. 근본적 원인을 알게 된 이후에는 우리가 의식적으로 이미 내렸던 결정을 재고하고 수정하는 일이 잦아졌다.

예를 들어 보자. 몇 년 전, 중요한 개발 프로젝트 하나가 중도에 막혀 더 이상의 진행이 어려웠던 때가 있었다. 거듭 제동이 걸려, 손에 잡히는 해결책도 없이 셀 수 없는 후속 질문과 괴로운 회의만이 릴레이처럼 이어졌다. 외적으로는 이 모든 것이 아무 소용없는 작업이었다. 이와 유사한 규모의 프로젝트가 실패하는 가장 흔한 원인인 재정적 수단, 오래전부터 확실히 규정되어 있는 목표와 과정 및 절차, 이 모든 것들이 제대로 갖추어져 있었으므로 경험적으로는 사실 모두 자기가 맡은 일만 잘하면 되는 상황이었다. 그러나 의아하게도 모든 진행이 가로막혀 있었다.

그래서 우리는 더 깊이 살펴보고, 질문을 던지고, 관련된 사람들과 소통했다. 그러자 사실은 팀 내에서 구성원들 간에 지나친 경쟁 구도가 존재했고, 오래 묵은 갈등과 분쟁이 여전히 해소되지 않은 상태였음이 밝혀졌다. 경영진들은 이 상황에 책임감을 가지고 일대일 면담과 회의를 통해 팀 내의 불협화음을 공개적으로 해결했다. 모든 해묵은 감정들이 처리되고, 모두가 과거는 과거일 뿐이라는 느낌을 갖게 되었을 때 비로소 프로젝트가 계획대로 부드럽게 진행되기 시작했다는 느낌을 받았다.

잘못된 결정을 즉시 내리는 것이
옳은 결정을 영원히 내리지 않는 것보다 낫다.
__윈스턴 처칠

결정에 도움이 되는 귀중한 조언

결정은 우리에게 무언가 새로운 것을 발견하는 기회를 마련해 준다. 확실한 결정이 부재할 때 경직되는 분위기는 불확실성을 증가시킬 뿐이다. 우리가 구성원들의 의사 결정 과정을 돕기 위해 새로이 발견하여 오늘날에도 실행하고 있는 최고의 방안은 소위 시스템적인 구도를 그려 보는 작업이다. 이 방식은 사실 가족 심리 치료에서 비롯된 것이며, 유효성 자체에 전적으로 논란의 여지가 없는 것은 아니기에 놀라는 사람도 있을 것이라 생각한다. 우리는 하이케 호페의 도움을 받아 이것을 기업 운영이라는 상황에 맞게 변형해서 적용하고 있으며, 1년에 네 번 경영진과 함께 시도한다.

하이케 호페는 20년 가까이 여러 기업의 직원들 및 경영진과의 체계적인 공동 작업을 해 왔으며, 다양한 산업 분야에서 일상적으로 발생하는 업무상 문제와 의사 결정과 관련된 문제에 대한 새로운 솔루션을 연구해 왔다. 또한 기업에서 특히 대규모 투자, 부동산 부지 선정, 인수 합병 등을 계획하는 중요한 시기에 의사 결정을 시뮬레이션하는 작업을 한다. '기업이 A 또는 B안을 선택할 때 어떤 일이 일어날 것인가?'와 같은 질문을 던지는 것이다.

컨설턴트로서의 호페는 자신이 개발한 솔루션을 적용함으로써 체계적이고 종합적인 방식으로 문제에 접근하여, 궁극적으로는 시간과 비용, 그리고 에너지를 절약하고, 모든 이해 당사자가 만족할 수 있다고 확신한다. "기본적으로 회사와 회사 내 각 부서들은 마치 모빌처럼 연결되어 있습니다." 그녀는 자신의 접근 방식을 이렇게 설명한다. "하나의 부분이 움직이기 시작하면 그 시스템 안의 모든 요소가 더불어 움직이기 시작합니다. 해결책을 찾기 위해서는 문제 하나를 뚝 떼어 놓고 단독으로 바라보는 것보다는 모든 측면에서 전체적으로 살펴볼 필요가 있습니다." 이 방식에 의하면 겉으로 드러나는 증상을 넘어서 그 기업이 가지고 있는 문제의 실질적인 원인에 이르는 것이 중요하다고 한다. "원인은 많은 경우 감추어져 있으며, 부분적으로는 과거에 그 뿌리를 두고 있습니다. 모든 조직에는 기억과 같은 것이 존재하는데, 오래 묵은 실수나 잘못된 결정들은 실제 당사자가 원래의 상황을 있는 그대로 기억하지 못하거나 아니면 아예 그 자리에 있지도 않았던 때가 있습니다. 그리고 그것들은 현재 문제에도 영향을 미치고 있지요." 그렇기 때문에 일단 문제점이 발견되면 해결책도 멀지 않은 곳에서 찾을 수 있다.

시스템적인 구도를 그려 봄으로써 우리는 다음과 같이 자문하게 된다. "특정한 행동은 어떤 원인에서 비롯된 것인가?" 이는 사람들이 어떤 행동을 할 때 그 이유가 무엇인지 이해해 보려는 시도이다. 모든 상황에서 나타나는 행동은 단지 원인의 영향력이 작용한 결과이기 때문에 근본 원인, 혹은 트리거를 찾고 있다는 의미이다. 원인을 찾는 대신 그 결과만 다룬다면 문제를 근본적으로 해결할 수 없다. 타인이 내 마음에 들게 행동하도록 요구하면 갈등과 싸움만을 불러온다. 이보다 현명한 방법은 이 행동이 처음 시작된 곳에서 책임을 찾는 것이다. 즉 시스템 구도화는 사람들이 현재 어떤 입장인지, 그리고 주변의 여러 일들에 대해 어떠한 개인적인 견해를 가지고 있는지에 관한 물음이다. 관련된 모든 사람들의 감정을 인정하고 존중하는 일이라는 의미이다.

우리 회사의 경험에 의하면, 이렇게 체계적인 시스템 구도화 작업을 통해 구성원들 간의 감정 수준에 대한 인식을 높이고 중요한 결정을 내리기 전에 그것을 충분히 고려함으로써, 이후 훨씬 적은 노력을 들여 일상 업무 환경을 더욱 발전시킬 수 있었다.

위기에서 벗어나기 위해서는 명확한 의사 결정이 반드시 요구된다. 그래서 하루를 마무리하는 순간에 우리에게 그 무엇보다도 필요한 것은 바로 용기다! 용기는 신뢰와 마찬가지로 내면의 결정이다. 꼭 기억해야 할 것은 결정을 위해 낸 용기는 반드시 보상받는다는 점이다. 반면에, 결정을 앞에 두고 스스로 너무 지나친 압박감을 느끼면 회사 내의 신뢰 문화를 크게 손상시킬 수도 있다. 앞으로 명확한 결정을 내리는 데 도움이 될 만한 몇 가지 아이디어를 제안하고 싶다.

결정을 내렸다면, 그 어떤 저항과 반대에도 불구하고 그다음 단계를 밟을 준비가 되었는가? 회사의 관리자급 직원들이 의사 결정을 내리는 과정을 한결 수월하게 해 주기 위해 당신은 어떤 일을 할 수 있는가?

대부분의 결정, 특히나 위기에 처한 시기에 내리는 결정은 가혹한 도려냄을 의미하는 경우가 많기 때문에 부정적인 정서를 아예 배제할 수는 없다. 이때는 그런 감정을 애써 감추거나 회피하지 않는 것이 중요하다. 직접 좋은 사례가 된다는 생각으로 두려움까지 용감히 마주하자. 당신이 느끼는 우려와 회의를 공개적으로, 솔직하게 팀의 구성원들과 공유하는 것이 좋다.

그밖에 아주 중요한 것은 늘 새로운 마음으로 자문하는 것이다. 정말로 리더로서 팀을 이끌고 싶은가? 이 질문에 분명하게 '예스'라고 대답할 수 있다면 모든 것이 불확실한 가운데서도 의사 결정을 내릴 준비가 되어 있다고 볼 수 있다. 반면 "네, 원합니다."라는 명확한 결심이 없으면 이 모든 과정이 매우 어렵게 느껴질 것이다.

7

가치

가치를 가르칠 수는 없다.

단지 삶으로 보여 줄 수 있을 뿐이다.

— 빅토르 프랑클

확실한 위치

1935년 2월 11일에 나의 조부는 브레머푀르데라는 소도시에서 원래 세탁실이 있었던 자리에다 목공소를 열었다. 전투적인 자세와 강한 신념, 그리고 다른 사람들을 위한 일을 하겠다는 열정은 경영자로서의 그가 가진 특별함이었다. 그는 매우 완고한 사람이었지만, 다른 한편으로는 늘 새로운 것에 열린 태도를 가지고 있었다. 회사 설립 직후에 직원들에게 이익금을 분배한 것은 당시에는 흔히 있는 일은 아니었지만 할아버지의 평소 태도를 생각하면 별로 놀라운 일이 아니었다.

할아버지는 역경과 위기에 대처하는 법을 배워야 했다. 그것도 여러 번 거듭해서 말이다. 하인리히 포겔러와 같은 반체제 예술가들과의 협력으로 수감되어 회사 문을 닫아야 할 때도 있었다. 이후에는 의무적으로 전쟁에 참전하느라 덴마크로 향하기도 했다. 그러나 그런 상황도 늘 최선을 다해 극복해 나갔다. 덴마크어를 배워 북유럽에서도 친구를 사귀고 이웃들로부터 존경받았다. 짧은 시간 안에 그는 '도움을 주는 훌륭한 독일인'으로 불리게 되었다. 무엇보다도 그는 덴마크에 거주하는 유태인 가족들에게 다가오는 공습에 대해 귀띔하여 그들이 생존할 수 있도록 도와주었다. 1960년대에는 조부 칼 토마스의 아내인 나의 할머니가 다발성 경화증을 앓게 되어 병간호에 뛰어들었다. 할머니의 마비 증세가 심각해질 때 무기력하게 지켜봐야만 했다. 그러나 할아버지는 할머니 옆에 가만히 앉아 있고만 싶지는 않았다. 끔찍한 고통을 완화시킬 수 있도록 뭐라도 해 주고 싶었다. 그래서 그는 아내의 삶을 한결 편하게 하며 심한 증세에도 불구하고 스스로 통제할 수 있는 생활을 가능하게 만드는 도구를 개발했다. 사람을 가장 중심에 두고 이 세상을 더 나은 곳으로 만들기 위해 끊임없이 투쟁해야 한다는 내적 충동은 할아버지의 생애를 관통하는 기둥이었다.

　나에게 정말 행운인 점은 여전히 아버지와 중요한 문제에 대한 의견을 나누고 그가 사물을 바라보는 방식에 대해 물어볼 수 있다는 것이다. 우리가 가치와 기업 문화를 어떻게 보는가, 그리고 우리가 중요하다고 여기는 것은 무엇인가에 관해 아버지는 이렇게 요약한다. "가치를 이해하는 자기만의 방식이 있다면, 그 사람은 자기가 중요하게 여기는 가치에 따라 살아야 한다. 그 가치를 따라 삶으로써 본보기가 되되, 다른 사람들에게 그러기를 요구하면 안 된다. 그렇지만 사람은 외딴 섬에 고립된 것처럼 오로지 자기만의 가치로 살아갈 수는 없다. 모든 측면에서 타인과 교류하며 살아가야 하지. 그래서 나에게 늘 가장 중요한 것은 솔직함과 신뢰에 기반한 소통이었어. 공급 업체와도, 우리 직원들과도, 그리고 고객에 이르기까지, 그것이 나의 원칙이었다. 그것에 있어서만은 중단이란 없어야 한단다! 내가 그 가치를 중요하게 여긴다는 것이 신뢰할 만하게 되려면 한순간도 멈추지 않고 삶의 모든 면에서 실천하며 살아가야 하거든." 정신적인 면과 도덕은 아버지에게 최고 가치이다. "그 중심에는 항상 사람이 있어야 해. 그렇지만 이런 일에 계획표나 체크 리스트가 존재하지는 않는단다. 기본적으로는 꽤 괜찮은 태도를 가진 사람으로 살아가는 것이지. 역사적으로 살펴보아도 거짓이나 조작으로 성공을 거두는 것은 단기적으로만 가능한 일이었어. 나에게 장기적인 성공이란 내 주위 친밀한 사람들에게 진실하고 신뢰할 만한 사람이 되는 거야." 아버지는 확신을 가지고 이야기한다. "이런 나의 생각을 다른 사람들에게 삶으로 보여 주려고 하다 보면 이것이 기업의 가치로 자리 잡고, 거기서 우리만의 경영 문화가 생겨나는 기회가 되기도 한단다. 물론 100% 달성은 결코 기대할 수 없는 높은 기준이기는 하지. 결국 우리 모두는 완벽하지 않은 인간이잖니. 하지만 중요한 것은 그 길을 걷는 동안 솔직해야 한다는 것이다. 마지막에는 항상 그 모든 실수에도 불구하고 한 명의 사람으로 다른 사람들과 진심을 다해 소통하며 살아가는 것만이 중요하다. 내 경험은 이렇단다. 상대의 눈높이에서 사람들을 대하고, 오랜 시간 동안 솔직하고 믿음직하게 진심을 다해 대접한다면, 그들 또한 그 보답으로 너의 실패나 실수를 대단치 않은 것으로 여겨 용서해 줄 거야.”

올바른 영감

왜 바로 지금 이 시점에 회사의 창립과 관련된 역사가 중요한가? 회사의 구성원들이 그 뿌리를 기억하여 자부심을 가지고 되돌아볼 때 그것이 회사에 크게 힘이 된다는 것을 알게 되었기 때문이다. 대부분의 기업은 직원들 모두가 '옛이야기'를 당연히 알고 있을 것이라고 생각하고, 심지어 더 나쁜 경우 아무도 그것에 흥미를 느끼지 못한다는 사실을 당연하게 여긴다. 이것은 매우 유감스러운 일이다. 왜냐하면 이러한 태도가 한 기업의 정체성, 즉 뿌리를 이루는 중심을 사소하고 초라한 것으로 만들기 때문이다. 한 회사의 역사, 전통, 중요하게 여기는 가치가 (더 이상) 전달되지 않는다면 새로 회사에 들어온 신입 사원은 이것을 어떻게 배워 가야 하는가?

어떻게 하면 회사가 보다 혁신적이고 결단력 있는 방향으로 발전해 나갈 수 있는가 하는 질문을 받을 때가 있다. 나는 그럴 때 회사의 역사에서 모든 어려움에도 불구하고 새로운 아이디어를 과감하게 받아들인 성공 사례를 찾아 살펴볼 것을 권한다. 이 근원적인 경험에 대한 기억은 현재의 경영진들이 앞으로 더욱 용기 있는 결정을 내리는 데 큰 도움이 될 수 있다.

인간의 삶을 질적으로 향상시키고자 하는 열망은 우리 회사 내에 널리 퍼져 있으며, 우리가 공통으로 지니고 있는 가치 체계에 그 뿌리를 두고 있다. 우리는 그동안 새로운 지평을 개척하여 바로 이 목표를 위해 불가능을 가능케 해 나가는 것에 노력을 쏟아 왔다. 우리 직원들은 회사의 과거, 그리고 우리가 함께 달성한 것들을 엄청나게 자랑스럽게 생각한다. 과거로부터 물려받은 '유산'과 회사 설립 당시의 여러 어려웠던 기억들은 힘든 시기에 꼭 필요한 버팀목이 되어 준다. 얼마나 큰 불확실성이 상황을 지배하고 있는지에 상관없이 용기 있는 결정을 내릴 수 있도록 도와주는 것이다.

나는 때때로 이러한 종류의 과감한 결정을 내리며 그에 반드시 동반되는 위험을 감수하는 경험을 했다. 예컨대 신제품을 출시하며 시장에서 위험을 감수할 것인지 말지 여부를 결정해야 했을 때 항상 그렇듯 내부 투표를 진행했는데, 이를 통해서 확인한 것은 우리는 결국 '라토플렉스 사람들'이라는 사실이었다. 옛이야기를 아는 구성원들이 어떤 방식으로든 회사 설립 신화의 일부임을 거듭 느끼면 현재도 그와 같은 선택을 해야만 한다는 의무감을 가지게 된다. 위험에 처하게 된다고 해도, 미지의 영역으로 걸어 들어가는 것과 다름이 없어도, 우리가 보기에 그렇게 해야만 하는 것을 위해 대담한 결정을 내리게 하는 형질이 유전자에 새겨져 있다고 생각하게 되는 것이다. 다른 기업에서는 비슷한 상황에서도 우리가 내린 것과 전혀 다른 결정을 했다거나 아니면 결정 자체가 어려웠을 거라는 점을 나는 감히 주장해 볼 수 있다.

내면의 불꽃

내 경험에 의하면 자신의 존재 자체와 행동으로 세상을 변화시킬 수 있다는 생각은 우리 인간에게 엄청난 동기를 부여한다. 우리가 최상의 능력을 발휘할 수 있게 하는 원동력이 세상을 더 좋은 곳으로 만들 수 있다는 생각이기 때문이다. 그리고 세상을 떠날 때, 자신이 이 세상을 더 나은 곳으로 만드는 데 기여했다는 사실을 알고 가는 것이 우리가 바랄 수 있는 가장 큰 영광일 테다.

이것은 규모가 큰 일에나 사소한 일에나 마찬가지다. 지금 불행과 위기를 겪고 있는 중이라도 그것이 무엇에 유익한지를 알 수 있다면 견디기가 훨씬 쉽다. 모든 구성원들이 이 여정이 어디로 가고 있는지 알면 프로젝트의 실행이 훨씬 수월해진다. 그 길을 밝히는 것은 무엇인가? 우리는 무엇을 달성하고 싶은가? 이러한 질문들은 분명 판매 목표라든지 구체적인 통계보다 훨씬 더 큰 동기를 부여한다. 판매 목표가 사람들의 영혼을 감동시켜 열정을 불러일으켰다는 실제 사례는 본 적도 들은 적도 없다. 오해를 막기 위해 첨언하자면, 판매 목표를 설정하는 것은 분명 바람직하며 중요한 일이기도 하다. 그러나 그것을 진정으로 주목해야 할 우리의 미래상과 혼동해서는 안 된다는 것이다.

물론 다음 해에 달성하고자 하는 목표, 그를 위해 유용 가능한 예산, 시장에 어떤 신제품을 출시할 것인지 등을 구체적으로 제시하는 것이 결정인 역할을 하기는 한다. 특히 격렬한 변화가 있는 시기에는 세부 사항과 단기 과제 및 목표를 상정하는 것뿐만 아니라, 우리가 어떤 행동을 하려는 이유가 무엇인지, 그것이 의미하는 것은 무엇이며, 장기적으로는 어떠한 방향으로 가려 하는지를 상기하는 것이 매우 중요하다. 그렇지만 경험적으로 사람들은 다음번 매출 목표액만을 위해 싸우고 있다고 생각할 때보다, 그 뒤에 있는 더 큰 아이디어와 비전을 향해 가고 있다고 느낄 때 더 큰 영감을 받는다. 마음을 꽉 채우는 자부심과 쟁취하기 위해 싸울 가치가 있는 신념은 등대나 가이드와 같은 역할을 한다. 따라서 스트레스가 많은 일상적인 업무 환경에서도 쉽게 상실되지 않는다. 그렇다면 강력한 비전이란 과연 무엇일까?

마음의 용기

영화 '브레이브하트Braveheart'에서 멜 깁슨이 연기한 스코틀랜드의 독립운동가 윌리엄 월레스는 주요 장면에서 몇 가지 강력한 단어로 하일랜드 지역 사람들의 전투 정신을 조명하는 데 성공했다. 그의 비전은 스코틀랜드의 자유와 독립뿐이다. 그리고 그는 이 비전을 위해 기꺼이 끝까지 싸울 것이다. 그러나 겁에 질린 하일랜드 사람들은 용기를 잃어버렸고, 전투가 벌어지고 있는 들판을 떠나기 시작했다. 코앞으로 다가온 전투에서 막강해 보이는 잉글랜드 군대에 결코 승리할 수 있을 것 같지 않았기 때문이다. "여기서 전부 학살되고 말 수는 없어!"라고 말하며 뒷걸음질 친다. 이때 말을 달려 다가오는 월레스의 얼굴은 스코틀랜드 국기 색으로 마구 칠해져 있다. 그리고 같은 편 군사들에게 이렇게 외친다. "그래, 맞서 싸우고 죽을 수도 있겠지. 도망쳐서 살아남을 수도 있을 것이다, 적어도 얼마간은 말이야. 세월이 지나 죽어 가는 몸으로 침대에 누워 있을 때, 오늘부터 시작해 하루하루를 지금 이 전장에 있었던 순간과 바꾸고 싶지 않을 거라고 장담할 수 있는가? 원수의 이름을 부르짖자, 너희들은 우리의 목숨을 빼앗아 갈지언정 결코 우리의 자유를 앗아 갈 수는 없을 것이다!"

이 영화는 역사가들에게는 많은 비난을 받았지만, 그 와중에 진정한 비전이 사람들에게 어떠한 역할을 할 수 있는지에 관한 훌륭한 이야기를 담고 있다. 물론 오늘날 우리가 살아가는 비즈니스 환경에서는 더 이상 긴 칼과 창을 사용하는 전투를 치르지는 않는다. 윌리엄 월레스는 오래전의 시간을 살아간 사람일 뿐이다. 그러나 이 이야기가 담고 있는 핵심은 혼란이나 위기에 처한 오늘날의 우리들과 우리가 이끄는 팀의 구성원들에게 용기를 북돋는 방법에 대해 많은 것을 말해 줄 수 있다. 팀원들에게 이 모든 고생의 목적을 상기시키고 앞으로 실현될 웅대한 비전을 위해 내면의 심지에 다시 불을 붙여 활활 타오르게 만들자. 그리고 이 효과는 분명 단순히 판매 목표 증진 그 이상일 것이다.

진심 어린 말

지난 세기의 가장 인상적인 연설과 가장 소름 돋는 순간 중 하나는 단연 1963년 8월 28일 자유와 노동을 위해 워싱턴의 길거리로 쏟아져 나온 군중 앞에서 한 마틴 루터 킹의 연설이다. 이 사실에는 이견이 있는 사람이 거의 없을 것이다. "나에게는 꿈이 있습니다 I have a dream."로 시작하는 그의 전설적인 연설은 오늘날에도 전 세계 사람들에게 영감을 준다. 그리고 그 연설을 보거나 듣는 사람은 모든 사람이 서로 동등한 권리를 가지는 평등한 사회에 대한 그의 비전에 감동하는 마법을 피할 수 없다. 이 꿈은 정말로 전염성이 있다!

물론 마틴 루터 킹의 연설은 내용면에서 훨씬 더 정확하고 객관적으로 제시되었을 수도 있을 것이다. 파워포인트 슬라이드를 만들어 연설을 '뒷받침'하고, 그의 이상주의적인 언어가 보다 균형감 있는 정치적 언어로 '번역'되었다고 상상해 보자. 가슴에 손을 얹고 말할 수 있다. 그랬다면 우리는 이런 연설이 있었다는 사실 자체를 진즉에 잊고 말았을 것이다!

존 F. 케네디 역시 1961년 5월 25일 의회 연설에서 정확한 말을 사용했다. 미국은 엄청난 충격을 받았다. 소련이 바로 몇 주 전 발사했던 우주선에 탑승한 우주 비행사가 무사히 귀환한 것이다. 그보다 몇 년 전 이른바 스푸트니크 쇼크(러시아에서 최초로 우주에 위성을 띄운 일) 이후, 미국인들은 소련이 기술 개발을 주도하고, 우주 경쟁에서 미국을 따돌리는 것처럼 보이는 상황을 목격해야 했다. 이는 곧 국가의 자신감에 쓰라린 타격을 주었다. 과연 소련을 따라잡을 가능성이 있는지가 빈번히 공개적으로 논의되곤 했다.

순수하게 객관적인 차원에서, 미국 대통령은 그날 전미 역사상 가장 높은 비용이 드는 프로젝트를 승인했다. 베르너 폰 브라운이 이끄는 일명 '제미니 프로젝트'는 달로 아폴로 호를 발사하는 임무를 준비하고 수행하는 것이었다. 1961년부터 1968년까지, 때에 따라서는 수십만 명에 이르는 인력이 이 엄청난 프로젝트를 수행하는 데 참여했다.

그러나 특히 초기 몇 년간 성공보다 훨씬 많은 실패 사례가 발생
했을 때, 프로젝트를 계속 진행하도록 사람들을 설득하기 위해서는
더 큰 비전이 필요해졌다. 케네디는 당시 무척이나 야심 찬 발표로
"60년대가 끝나기 전에 달로 한 사람을 보내고, 그를 안전하게 귀환
시킬 것"이라고 온 나라를 상대로 약속했다. 그동안 소련과의 경쟁
전적과 이전까지 진행되었던 우주 프로그램에서 발생한 수많은 희
생자의 숫자를 감안했을 때, 그 말을 공식적으로 공표하는 것은 엄
청난 용기였다. 그러나 말의 효과는 실로 대단했다. 전 세대의 미국
인들뿐 아니라 서방 세계 전체가 감전된 듯한 감동을 느꼈던 것이
다. 그가 제시한 비전, 그 꿈을 실현하는 것이 실제로 가능해 보였
다. 그리고 결국 우리 모두가 아는 엔딩이 있었다. 1969년 미국인들
은 인류 역사상 최초의 유인 달 비행에 성공했다. 이것이 바로 케네
디의 비전이 현실화되는 현장이었다.

　나는 개인적으로 케네디가 말의 힘을 잘 알고 있는 사람이었다고
믿는다. 그는 맡겨진 업무를 잘 해내는 것 이상이 필요하다는 점을
알고 있었던 듯하다. 사람들의 영혼에 도달하고 감동시켜야 한다는
점을 잘 알았기 때문에 국가적인 우주 프로젝트에 전적으로 집중하

기 위해서 국민들의 열정을 불러일으켰다. 다른 사람들을 어떻게 지휘하는 것이 좋을지 알고 싶을 때, 케네디의 이 리더십을 눈앞에 떠올려 본다.

미래의 모습: 사고방식과 행동 방식의 변화

스벤 얀스키는 미래 연구 기관인 투 비 어헤드2bAHEAD의 설립자이자 대표다. 여러 관련 컨퍼런스에서 연사로 이름을 알렸고, 미래를 주제로 한 여러 권의 베스트셀러를 저술했으며, 실리콘 밸리에서 시작된 스타트 업 문화를 독일 내에 뿌리내리기 위해 적극적으로 노력하고 있다. 이 노력의 일환으로 그는 설립자와 투자자가 함께 실리콘 밸리가 어떻게 움직이는지 배울 수 있는 이른바 부트 캠프를 개최한다. 컨설턴트로서는 기업이 다가올 발전 과정에서 마주할 수 있는 도발적인 질문을 던짐으로써 단단히 채비시키는 데 집중하며, 미래 비전 확립을 돕는다.

Q 기업이 당신에게 컨설팅을 요청할 때, 주로 무엇에 대해 알고 싶어 하며 당신은 그들에게 무엇을 알려 줄 수 있습니까?

A 대개 미래에 대한 비전을 세우고 싶어 합니다. 컨설팅을 의뢰해 오는 고객들은 앞으로 5년에서 10년 후에 스스로가, 그리고 그들의 회

사가 어떤 모습을 하고 있을지 전혀 알지 못합니다. 미래의 모습이라고 할 때, 저는 긍정적이고 활기차며 사랑스러운 것을 의미합니다. 5년 후에 내가 어떻게 생활하고 일하고 있을지에 대해 노력해서 얻어 낼 만한 가치가 있는 것들 말입니다.

그런 다음 외부적인 영향들, 즉 앞으로 다가올 가능성이 있는 기술이라든지 사회적 동향에 대해 생각해 보게 하고, 다음과 같은 질문을 합니다. "이 모든 일이 실제로 발생하면, 또는 제가 방금 설명한 것의 80% 정도의 강도로만 일어난다고 하면, 당신은 무엇을, 어떻게 하시겠습니까?" 여기까지는 단순한 작업입니다. 그런 것을 생각해 보는 데에 대부분의 사람들은 익숙하지는 않지만, 약간의 설명과 잠시 숙고해 보는 시간을 가지면 제대로 작동합니다.

Q 그러면 그렇게 찾은 미래 이미지를 기업에서 정확히 어떻게 구현합니까?

A 구현 단계로 들어가면 이제 까다로워지기 시작합니다. 그 단계에서 대부분 실패를 경험하지요. 미래의 발전된 모습으로 가는 길은 현재 가지고 있는 신념, 그것을 지배하는 현재의 규칙들, 그리고 오랜 세월에 걸쳐 훈련된 사고와 행동의 모든 패턴들에 의해 방해를 받아 효과가 없어질 때가 많아요. 그렇기 때문에 고객들에게 이렇게 방해가 되는 패턴을 먼저 바꾸도록 가르치는 것이 우선입니다. 이것은

정말로 어려운 일이에요! 대부분은 무의식에 의해, 또는 잠재의식에 의해 자동적으로 반복하게 되는, 기록되어 있지 않은 법과 같은 기능을 하거든요.

Q 외부에서 밀려오는 위기 없이도 변화가 가능합니까? 아니면 집중도를 높이기 위해 외부적인 요인이 반드시 필요합니까?

A 실제로 위기가 존재하는지 여부는 변화 과정에 대한 본인의 이해와 거의 관련이 없다고 봅니다. 결국은 자율적으로 사고와 행동을 변화시키는 것에 관한 문제이기 때문입니다. 새로운 사고에 집중할 수 없다면, 거친 표현이라 죄송하지만, 영원히 똑같은 쓰레기를 붙들고 있는 것과 다름이 없습니다.

Q 이제까지 당신의 경험에 의하면 변화를 원할 때 사람들이 저항하는 주요 요인은 무엇인가요? 한 기업을 이끄는 리더나 경영자로서 이를 가장 잘 처리하는 방법은 무엇일까요?

A 특히나 대기업에서 변화를 꾀할 때 큰 저항과 직면하기 쉽습니다. 당연히 회계 부서에는 혁신 부서나 디지털 관련 부서와는 다른 문화가 있어야 합니다. 즉, 관리자는 각 부서를 개별적으로 취급하고 각기 다른 부서에서 실제로 업무를 담당하는 사람들과 직접 협력하여

변화에 관한 약속을 이행해야 합니다. 이때 가장 중요한 질문은 "미래에 대해 어떠한 비전을 가지고 있으며, 우리는 우리의 일터를 앞으로 어떤 곳으로 만들고 싶은가?"입니다. 그러고 나면 각자가 가지고 있는 미래 비전의 달성 여부가 변화를 향한 각 개인의 적극적인 노력과 그에 따른 사고방식, 행동 패턴의 개선에 달려 있다는 점을 분명히 해야 합니다.

의미 묻기

특별히 어려움을 겪는 시기에 나는 항상 새로운 열정을 찾아서 "우리는 아침에 왜 일어나는 걸까?"라고 자문하곤 한다. 나에게 있어서 이것은 개인적으로나 회사 문제에 있어서나 가장 강력한 힘을 가진 질문 중 하나다. 이 질문에 대한 답변이 사람들에게 주는 영감과 감동은 세상 그 무엇과도 비교할 수 없다. 동시에 이와 같은 의미에 대한 질문은 내적인 고민의 흔적이 담긴 매력을 자연스럽게 발산하게 만들어 고객이 회사를 택하도록 할 수도 있다.

이것이 우리에게 얼마나 큰 영감을 줄 수 있는가에 대한 인상적인 예시는 스티브 잡스의 이야기이다. 그가 1990년대 초 애플의 CEO로 돌아왔을 때, 애플은 이미 기업으로서의 생명이 끝났다는 평가를 받고 있었고, 사람들은 앞으로 그 회사가 얼마나 오래 버틸 수 있을지에 대해 이러쿵저러쿵 대놓고 추측했다. 마이크로소프트의 자금 지원이 없었다면 생존하지 못했을 것이라는 말이 많았다. 회사 내에서도 당시의 판도가 뒤집힐 가능성이 있다고 믿는 직원은 거의 없었다.

물론 스티브 잡스의 영리함은 그동안 누적되어 온 문제를 단계별로 해결하기에 충분했다. 그는 유동성을 필요로 했고, 공급망을 최적화해야만 했으며, 사람들이 다시 애플에 열광하게 할 새로운 제품을 개발해야 했다. 그러나 그것만으로는 부족하다는 것이 분명해졌다. 다시 불꽃을 당겨야만 했다. 자신이 이끄는 회사의 직원들에게도, 이미 열광하는 팬들에게도, 그리고 고객들에게도. 그런 필요에 따라서 그는 공식적인 첫 업무 중 하나로 광고를 제작했다. 광고의 내용은 애플의 수장으로서 애플을 어떻게 생각하는지에 대해서, 그리고 애플이 이 세상에 존재하는 이유에 대해서 직접 쓴 텍스트였다. 이때 제작된 'Think-Different' 캠페인 광고는 아직도 유튜브에서 찾아볼 수 있다. 그리고 지금까지 수백만 명의 사람들이 이를 보았다. 만들어진 지 20년이 넘은 광고지만 여전히 그 마법을 잃지 않았다. 나는 최근에 한 회의에서 팀원들에게 애플의 그 광고를 보여 주었는데, 그 효과는 직원들의 얼굴에서 즉시 나타났다. 애플이 존재하는 이유는 분명해 보인다. 반항적인 정신과 세상을 더 나은 곳으로 만들고자 하는 욕구가 어우러져 있다. 애플의 정신은 남들과 다르고, 다르게 생각하는 사람들을 위한 찬가다. 그리고 이 브랜드에 거의 마법처럼 끌림을 느끼는 것은 바로 이런 사람들이다.

애플의 'Think-Different' 광고와 그에 이어진 일련의 캠페인은 시들했던 팀에 새로운 열정을 불러일으켰다. 당시 나는 하노버에서 열린 박람회에 참가했었는데, 그곳에서 분명히 느꼈다. 애플 또한 부스를 꾸려 참가했었고, 그곳에 설치된 큰 화면에는 'Think-Different' 광고가 계속해서 재생되고 있었다. 애플이 곧이어 단번에 거두게 될 성공을 그 당시 아무도 예측하지 못했더라도, 변화의 초석이 마련되고 있다는 사실은 누구나 눈치챌 수 있었다. 그리고 스티브 잡스가 사람들에게 애플의 존재 가치를 설득할 수 있다고 믿기 시작했다.

사이먼 사이넥은 이런 표현을 한 적이 있다. "사람들은 당신의 행위에 돈을 지불하는 것이 아닙니다. 왜 그런 행동을 하는지 그 이유를 사는 것입니다." 애플의 첫 성공을 이보다 더 잘 설명할 수는 없을 것 같다. 물론 훌륭한 제품은 필수이다. 당연히 우리는 위기 상황에서뿐만 아니라 '모든 것이 정상적인 시기'에도 직무를 올바로 수행해야 하며, 명확한 결정으로 위기나 실패의 원인을 제거해야 한다. 물론 우리는 좋은 전략을 필요로 하며 내부 프로세스를 적절히 통제할 수 있어야 한다. 그러나 그것만으로는 충분하지 않다. 더 깊은 의미가 필요하다. 바로 '왜'다.

비전 병

많은 대기업에는 심각한 '비전 병' 환자들이 있다. 이것은 내가 농담 삼아 만들어 본 말인데, 일부 경영진이 번쩍이는 종이에 고급스럽고 멋지게 들리는 단어를 인쇄하고 그것을 사내에 주기적으로 배포하며 "이것이 우리 회사의 새로운 비전"이라고 주장하기 때문이다. 물론 좋은 뜻에서 그러는 것이겠지만, 내 생각엔 이것은 아마 직원들의 열정을 불러일으키는 일과는 거의 관련이 없다. 이미지로 이루어진 회사 카탈로그에 멋진 단어들을 나열할 수 있겠지만, 그것이 사람들의 마음에 닿지 않으면, 특히 그것이 묘사하는 기업 가치가 실생활에서 제대로 실천되고 있지 않으면, 그 전부가 단순한 종이 낭비에 지나지 않게 된다.

지난 몇 년 동안 나는 손에 넣게 된 타 기업의 이미지 카탈로그를 수집해 왔다. 쇼크였다고까지는 말할 수 없더라도, 카탈로그마다 얼마나 똑같은 개념과 이미지가 사용되었는지, 정말 놀라운 일이었다. 마치 시대정신을 비추는 거울과도 같이 그 당시에 화제가 되는 내용이 항상 실려 있다. 회사 대표들이나 임원들 중 일부는 자기 자신에 대해 터무니없는 내용을 싣기도 한다. 지난 몇 년간 내가 제일 '좋아하는' 유행어는 "파괴", "시너지 효과", "지속 가능성", 그리고 "부가가치"였다.

지금 우리 사회와 많은 기업에는 여러 차원에서 비전을 찾는 능력이 결핍된 상황이다. 유럽 연합이 존재하는 이유는 무엇인가? 미래의 공명정대한 세상은 어떤 모습일까? 우리 사회의 정치 시스템을 어떠한 방향으로 발전시키고 싶은가? 이와 같은 사고 능력의 결핍 속에서 한편으로는 커다란 불안정함을, 다른 한편으로는 방향과 안정성에 대한 많은 사람들의 깊은 내면적 욕구를 읽어 낼 수 있다.

공명

이렇게 이미지 카탈로그에 실리는 비전들은 회사가 실제로 어떻게 움직이는지 알지 못하는 외부 홍보 대행사에 의해 만들어진다. 그래서 우리 회사는 번쩍거리는 이미지 카탈로그를 제작하지 않았다. 30년 전 우리도 창립 기념일을 위해 팸플릿을 만든 적이 있었다. 하지만 그것은 회사의 역사가 실린 연보에 더 가까웠다. 허울만 좋은 카탈로그를 따로 제작해야 하는 의미는 나도, 동료들도 찾지 못하고 있다. 한 기업의 문화와 가치는 생활에 함께함으로써 활력을 얻고 누려야 하는 것이라고 라토플렉스의 생산 라인 매니저 디터 토스트는 말한다. "이 회사에서 30년에서 심지어는 40년까지도 일해 온 사람들이 얼마나 많은지에 주목해야 합니다. 이 말은 그게 뭔지는 몰라도 사람들을 서로 묶어 회사와 연결시키는 무언가가 분명 있다는 의미입니다. 재미도 있고 얼마간의 전문적인 성취가 주어지기 때문에 강요 없이 자발적으로. 이것은 매우 중요한 부분입니다. 그러나 여기에는 상호 신뢰, 솔직함, 믿음직함, 그리고 올바르게 실수를 처리하는 방식도 포함됩니다. '예, 여기는 잘 돌아갑니다.'라고 말할 수 있으려면 먼저 이러한 경험을 해 본 적이 있어야 합니다."

나는 늘 우리 회사의 특별한 점, 역사, 그리고 가치 구조를 강조하려고 노력해 왔다. 그것이 바로 차이를 만드는 요소이기 때문이다. 어떤 팀이든 실패나 위기가 닥친 시기에 단단한 자신감으로 무장한 채 아침에 일어나는 일이 과연 그럴 만한 가치가 있는지 알기 위해서는 영감이 필요하다. 그리고 나에게 영감은 다음 판매 목표량 같은 것은 아니다. 또 이미 판매된 제품의 수량도 아니다. 그보다는 우리가 어떻게 하면 이 세상에 변화를 일으키는 기회를 가질 수 있을까 하는 질문이다. 모든 것을 움직이는 원동력인 '왜'가 항상 사람 자체보다 더 크다. 또한 그 어느 기업 자체보다도 더욱더 큰 것이 진정한 영감이다. 이런 질문들을 영감으로 삼을 때만 우리는 진짜 능력을 개발해 나갈 수 있다.

물론 모든 사람에게는 아침에 눈을 뜨고 일어나야 할 개인적인 비전과 이유가 있다. 그렇지만 각기 다른 사람들의 견해와 의견을 공통의 비전 아래 조화롭게 통합하는 것이 바로 리더십의 기술이다. 수십 년 동안 라토플렉스를 이끌어 온 가장 큰 가치 중 하나는 각 개인의 고유성에 대한 깊은 존중이라고 생각한다. 우리는 모든 사람이 자신만의 방식으로 특별하다고 확신하며, 이러한 독창성을 발휘할 수 있도록 우리가 개발하고 생산하는 제품과 활동으로 한 사람 한 사람을 지원하기 위해 노력을 기울이고 있다. 정확히 이런 이유로, 우리는 결코 모두에게 적합한 소위 일체형 제품을 제공하지 않을 것이다. 이러한 깊은 존중은 고객에게만 국한되지 않고, 함께 일하는 서로를 대하는 기업 문화에도 반영된다. 우리가 가진 차별성은 성가신 방해 요소나 제거해야 할 약점이 아니라 힘의 원천이 된다.

강력한 비전은 수십 년이 지난 후에도 공감을 얻을 수 있다. 이는 매우 깊은 감정적 수준에서 사람들을 감동하게 만들고 고무시킨다. 비전이란 합리적으로 설명 가능하지 않은, 오히려 직감 같은 것에 가깝다. 우리 모두는 우리에게 계속하라고, 절대 포기하지 말라고 동기를 부여하는 이 내면의 타오르는 불을 잘 알고 있다. 특히 위기의 시기와 무자비한 실패 후가 내면의 불꽃이 정말로 필요해지는 때다. 그런 다음에는 강한 압박 없이도 많은 일들이 저절로 진행된다. 경영진으로서 우리는 위기의 시기 동안 기억의 과정을 되살려야 한다. 우리가 왜 지금 이 자리에 있는지 다시금 분명히 조명하고, 우리가 함께 꼭 붙어 견디며 포기하지만 않으면 꿈은 여전히 현실이 될 수 있음에 대한 확신을 주어야 한다. 그리고 그 대가로 다시 똑바로 서서 자신감 넘치는 걸음으로 위기를 지나쳐 갈 수 있을 것이다.

이야기의 마법: 스토리텔링의 기술

알렉산더 크리스티아니는 독일어권에서 가장 유명한 커뮤니케이션 전문가 중 한 명으로 간주된다. 그는 수십 년 동안 어떻게 하면 기업에서 커뮤니케이션이 큰 효과를 발휘할 수 있을지에 관한 문제를 연구해 왔다. 매일 수천 개의 광고 메시지가 마구잡이로 쏟아지는 세상에서, 작은 기업들은 자신들의 메시지를 들어 줄 상대를 찾기조차 매우 어려워졌다. 알렉산더 크리스티아니는 이야기의 힘을 잘 알고 있으며, 스토리텔링을 마케팅 수단으로 사용하는 방법을 기업에 제시한다. 한 가지는 확실하다. 사람들은 항상 이야기를 좋아했다. 과거의 영웅 전설부터 시작해서 신화와 동화에 이르기까지 옛날에는 세대에서 세대로 모닥불 가에 모여 앉아 입에서 입으로 전달되었고, 더 나중에는 기록되거나 촬영되었다. 청취자든 독자든 관람객이든, 이야기가 좋으면 주인공에 공감하여 기억에 오래 남는다. 물론 이 효과는 비즈니스 환경에서도 매우 유용하다.

Q   스토리텔링이란 무엇입니까?

A   우리는 기업이 존재하는 이유와 이들이 사람들을 위해 할 수 있는 일을 이야기의 도움을 받아 전달합니다. 하지만 대부분은 고전적인 광고 형태로, 대담하거나 그렇게 개성이 있지는 않습니다. 요령이 있다면 아직 아무도 그에 대해 말하지 않은 것처럼 특정 산업이나 기업, 또는 제품에 대한 이야기를 하는 것입니다. 이러한 방식은 내부의 직원들과 외부의 고객, 비즈니스 파트너 또는 미디어 모두에게 많은 영향을 미칩니다.

Q   모든 분야에서 흥미로운 이야기라는 것이 있습니까? 아니면 전적으로 흥미롭고 특이한 회사와 부서에서만 효과가 있습니까?

A   많은 사람들은 자신이 암스테르담에서 활동하는 다이아몬드 딜러이거나 세이셸 제도에 5성급 호텔을 운영하고 있거나 또는 그에 준하는 화려하고 특별한 일을 하는 경우에만 흥미로운 이야깃거리가 있을 것이라고 생각합니다. 하지만 제 생각은 전혀 다릅니다. 저는 지금까지 단 한 번도 지루한 기업, 지루한 업계, 또는 지루한 제품이란 것이 있다고 생각해 본 적이 없습니다.

Q   좋은 이야기의 특징은 무엇입니까?

A   사람들이 귀로 이야기를 들을 때 마치 눈앞에 보이는 것 같은 방식

으로 내용을 묘사하면 좋은 이야기라고 할 수 있습니다! 우리의 뇌는 시각적 이미지로 사고하고, 그림을 더 쉽게 기억하고 재생산할 수 있기 때문에 이야기는 그림과 같아야 합니다. 좋은 이야기는 보통 길이가 짧습니다. 짧아도 충분히 좋은 이야기가 될 수 있지요.

"우리 회사는 사람을 모든 일의 중심에 두고 있습니다."라든지 "우리는 고객의 편의를 최우선으로 하는 회사입니다." 같은 말은 흔히 쓰이는 문장들이지만 자칫하면 우리 두뇌는 지루하다고 느끼기 쉽습니다. 그렇지만 그 내용을 실제로 있었던 일화와 연결시킬 수 있다면, 다른 수준의 인식으로 진입할 수 있을 겁니다. 과거에서 가져온 사례라는 형식으로 회사의 가치 자체가 훨씬 더 효과적으로 경험될 수 있는 것이지요.

Q 스토리텔링이 회사 내에서의 의사소통에 효과적이라는 사실이 입증되었나요?

A 미국의 커뮤니케이션 심리학자인 제롬 브루너는 이야기의 맥락에 포함되어 인식된 사실이 평균 22배나 더 잘 유지된다는 것을 발견했습니다. 따라서 어떤 기업이 자신이 제공하는 서비스를 소소한 이야기 형태로 꾸밀 수 있는 경우, 이 이야기는 기억하기도 쉽고 말로 전달되기도 쉬워지기에 입소문이 나기 위한 완벽한 요건을 갖추는 셈이지요. 과녁에 명중하는 겁니다!

Q 특히 위기를 겪는 시기에는 자신의 뿌리가 어디에서 비롯되었는지, 아침에 눈뜨고 일어나야만 하는 이유가 무엇인지 그 의미를 상기해 보는 것이 중요하다고 생각합니다. 이것에 대해 어떻게 보십니까?

A 사이먼 사이넥은 그가 저술한 베스트셀러 『나는 왜 이 일을 하는가』 에서, 기업으로서 자기만의 '왜'가 무엇인지 명확히 하는 것, 그리고 사람들에게 그에 대해 이야기하는 것의 힘이 얼마나 강력한지 말한 바 있습니다. 스티브 잡스와 같은 존경할 만한 업적을 이룬 기업가들은 그 기업에 동기를 부여하고 이끌어 가는 힘이 무엇인지를 사람들도 알게 함으로써 아무도 부정할 수 없는 성공을 거둘 수 있었습니다. 기업가라면 배워야만 하는 측면이지요. 다시 사이먼 사이넥을 인용하자면 그는 이런 말도 했습니다. "사람들은 당신의 행위에 돈을 지불하는 것이 아닙니다. 왜 그런 행동을 하는지 그 이유를 사는 것입니다. 그리고 당신이 믿는 바에 대해 이야기한다면, 당신은 당신과 같은 믿음을 가진 사람들을 주변에 끌어모을 수 있을 것입니다." 저는 기업이 보내는 메시지와 가치 시스템이 기업가 개인의 성격만큼이나 개인적인 것이라고 확신합니다. 우리가 회사를 설립하고 운영하는 것은 바로 이 '왜', 즉 의미를 위해서 입니다. 그것이 공감을 얻어 공명하게 되기를 바라면서 하는 것이지요. 이것이 바로 우리의 '팬덤'을 만드는 요인이기도 하고요.

뿌리 발견하기

2007년은 라토플렉스라는 브랜드의 커뮤니케이션 전략에 대해 절망적인 심정으로 파고들었던 한 해였다. 솔직히 전체를 바라보면 내적으로나 외적으로나 우리만의 정체성을 잃어버렸다는 것을 인정할 수밖에 없었다. 우리가 원했던 것이 무엇이었는지, 앞으로 어디로 가고 싶은지도 정확히 알지 못했다.

첫 번째 단계로, 우리는 이제까지 매체에 나갔던 모든 지면 광고들을 모아 회의실 벽에 콜라주처럼 부착했다. 충격적이었다. 벽에 전시된 것은 메시지, 이미지, 그리고 이야기가 뒤섞인 완전한 혼란이었다. 이 광고들이 사실은 하나의 회사를 선전하고 있다는 것을 알아채기 위해서는 엄청난 노력을 기울여야 했다.

그래서 우리는 여러 가지 정보들을 분류하고, 방향을 설정하고, 새롭게 선명도를 높이기 위해 뿌리를 찾아가는 여정을 시작했다. 당연히 가장 이상적인 방법은 회사의 역사를 되돌아보는 것이었다. 그래서 우리는 회사의 아카이브를 뒤엎어서 처음에 모든 것이 어떻게 시작되었는지를 몇 년 만에 처음으로 샅샅이 살펴보았다. 아카이브에서는 회사 설립 초기의 오래된 사진과 카탈로그들이 나왔다. 그것을 살펴보며 상기할 수 있었던 가장 중요한 점은, 우리가 갈빗대 침대 프레임을 발명했고, 온갖 어려움에도 불구하고 통증 없는 수면이라는 아이디어를 전 세계적으로 성공시킨 기업이라는 점이었다. 물론 그동안 그 사실을 정말로 잊어버린 적은 결코 없었지만, 우리는 어쩐지 깜박하거나 적극적으로 기억하지 않았고, 그에 대해 내부적으로나 외부적으로 활발히 거듭 알리지 않았던 것이다.

이러한 분석 결과를 바탕으로, 우리는 '라토플렉스 이야기Lattoflex Story'라는 영상을 제작했다. 이 영상은 수십 년 동안 함께 일해 온 우리 직원들의 증언을 통해 우리가 걸어온 길을 따라가는 내용이다. 그 결과는 지금까지도 놀랍기 그지없다. 시청한 사람들에게 매우 긍정적인 반응을 불러일으키며 유튜브에서 가장 널리 퍼진 영상 중 하나가 되었다.

두 번째 단계에서는 모든 직원에 대해 회사 전체 차원의 설문 조사를 실시했다. 우리 회사가 실제로 행하고 있는 가치를 가장 잘 표현하는 단어 다섯 개를 알고 싶었다. 결과를 집계하자 엄청나게 다양한 단어들의 수족관 같이 보였다. 여기에 약간의 노력을 더하자 이것을 총 여섯 가지의 기본 개념으로 요약할 수 있었다. 근원, 가족, 비전, 남다름, 전문성, 그리고 열정. 이 단어들이 창립 이래 오늘날까지 우리가 지켜 온 핵심적인 가치를 표현한다.

2007년 이후, 우리는 때로는 어려운 상황을, 때로는 심각한 위기를 극복해야 했다. 그러나 나는 우리가 지닌 핵심 가치가 실생활에 명확하게 함께하는 것, 그리고 우리의 근원을 늘 상기하는 것이 매번 닥쳐오는 폭풍을 안전하게 극복하는 데 커다란 도움이 됨을 분명히 알 수 있었다. 이 두 가지가 맞물려 든든한 척추가 되어 우리를 강하게 하고, 우리를 똑바로 서게 하고, 우리가 계속해서 우리 자신다울 수 있도록 돕는다.

사람들을 행동으로 이끄는 방법은 단 두 가지뿐이다.

조종하거나, 영감을 주거나.

__사이먼 사이넥

내가 매일 무엇에 천착하고 있는지, 무엇을 위해 치열하게 싸우고, 어디로 가고 있는지를 알면 위기에서 벗어날 수 있다. 비전 공유는 어두운 밤 우리를 안내하는 별과 같다. 공유하는 가치를 함께 찾아보는 작업은 한 팀으로 일하는 구성원들에게 위기에 대처하는 데 반드시 필요한 안정감을 제공한다. 이 힘을 제대로 이용하기 위해서는 어려움을 겪는 시기에 개개인으로서, 그리고 집단으로서 지닌 고유한 '왜'를 잘 기억해야 한다. 다음에 제시하는 것은 당신이 이 일을 기꺼이 하는 이유와 회사가 무엇을 위해 존재하는지에 관한 몇 가지 예시이다.

회사를 설립했던 이유를 아직 기억하고 있는가? 아니면 시간이 많이 흘러 개인적인 삶의 이유를 잊었는가? 그럴 경우 원래의 가치와 비전으로 돌아갈 때이다. 혹시 설립 초기를 상기시킬 수 있는 회사 아카이브가 있을지도 모른다. 영감이 더 필요하다면 읽어 볼 만한 책으로 사이먼 사이넥의 『나는 왜 이 일을 하는가』가 있다.

직원들이 회사의 진정한 존재 이유가 무엇인지 알고 있는가? 대부분 답을 하지 못하거나 답을 하더라도 서로 매우 상이한 경우, 모두에게 똑같이 날개를 달아 줄 수 있는 비전을 함께 찾아보는 것이 좋다. 표현은 가능한 구체적이어야 하며, 너무 유행하는 단어나 허울만 좋은 문구는 피하도록 하자. 비전은 일상적인 업무 환경에서도 충분히 활용될 수 있고 기업이 가진 가치 구조에 적합할 경우에만 위기에 대비하는 수단이 될 수 있다.

맺으며

미래는 많은 이름이 있다.
약한 사람에게는 닿을 수 없는 것,
겁 많은 사람에게는 미지의 것,
용감한 사람에게는 기회.
_ 빅토르 위고

나에게 이 책은 지난 수십 년간 겪어 온 기복을 관통하는 매우 개인적인 여정이었다. 책을 쓰며 다시 한 번 우리 회사도, 개인으로서의 나도 겪었던 모든 위기와 실패, 그리고 힘든 시간들의 중요성을 분명히 상기할 수 있었다. 이 모든 일이 일어나지 않았다면 나는 지금의 나와 같은 사람이 아니었을 것이다. 그러므로 60년 넘게 이 모든 경험을 쌓아 이를 다시 세상에 되돌려 줄 수 있는 기회를 갖게 되어 기쁘다. 그 결과로 나온 이 책은 매우 개인적이지만, 지난날들을 회고하며 책장을 넘기다 보면 또 그렇지만은 않다는 것도 분명해진다.

이 책은 전형적인 성공 가이드북이 아니며 승리와 성공만을 다루고 있지는 않다.

이 책에서 꼭 이끌어 내야 할 핵심적인 메시지가 있다면, 우리 모두가 위기를 보다 솔직하고 분명하게 인식하고 이를 다루는 용기를 가져야 한다는 것이다. 베스트셀러 작가인 에바-마리아 주르호스트는 이런 말을 한 적이 있다. "다음 위기를 기대하라!" 이 문장을 볼 때, 나는 아직 갈 길이 멀다는 것을 인정하게 된다. 실패는 여전히 고통스럽지만, 그래도 우리를 이끄는 것은 이 고통이다. 위기는 개인과 기업 전체를 위한 진정한 전환의 기회가 될 수 있다. 구성원들은 서로 더 연결되어 있다고 느끼면서 함께 위기에 대처하며 극복해 나간다. 실패의 진정한 힘이 바로 여기에 있다. 경영진으로서의 우리가 우리의 존재와 명확성 그리고 용기를 보여 줌으로써, 다른 사람들 역시 신뢰와 소통을 선택하도록 초대할 때, 이것이 바로 우리가 거친 폭풍의 한가운데서 서로에게 가장 아름다운 선물이 되는 순간이다.

우리 회사의 관리자와 직원들이 가장 어두운 순간에 동료들에 대한 신뢰로 자기만의 달팽이 껍데기 속에서 나와 주어진 도전 과제들에 용감하게 대처하는 모습을 보면, 그러면서도 어쩔 수 없는 두려움에 위축되고 불안해하는 것을 볼 때마다 나는 깊은 감동을 받는다. 이는 나에게 매우 고무적인 일이다. 지금까지의 내 경영 스타일, 우리 회사의 팀 정신, 그리고 우리가 함께한다는 것이 앞으로 다가올 모든 위기에서도 우리를 인도하리라는 나의 신념이 더욱 강화되기 때문이다.

위기는 우리 삶의 일부이지만, 어떻게 대처해야 할지 결정하는 것은 오롯이 우리의 몫이다. 이러한 관점의 변화를 받아들일 때, 실패에 대한 두려움으로 얼어붙지 않고 대담하게 계속해서 가던 길을 걸으며 꿈을 추구할 수 있는 무한한 자유가 바로 거기 숨겨져 있는 보물이다.

부디 우리에게 주어진 이 자유를 사용하고, 실수와 계획되지 않은 모든 사건들이 얼마나 선물 같은 것인지 늘 기억할 수 있기를 바란다.

감사의 말

이 책은 진정 마음으로 만들어진 프로젝트의 결실입니다. 오랫동안 제가 가는 길을 묵묵히 따라 준 많은 사람들의 힘찬 지지 없이는 이러한 결실을 이루지 못했을 겁니다. 최근 몇 년간의 모든 만남과, 삶과 위기에 대한 심층적인 통찰력을 얻을 수 있었던 수많은 영감을 선사해 준 대화들에 깊이 감사드립니다. 그것이 이 책의 기초를 이루었습니다.

먼저 라토플렉스 팀에 감사드립니다. 당신들이 얼마나 위대한 사람들인지, 매일같이 진정한 한 팀으로서 얼마나 헌신적으로 새로운 지평을 열고 있는지에 대해 내 마음은 깊은 감사로 가득합니다. 나의 존경과 깊은 감사를 받아 주세요.

그리고 내 가족들에게 감사합니다. 당신, 사랑하는 군다, 그리고 나의 세 자녀 레아, 율리우스, 메를레. 당신들이 없었다면, 나는 내가 오늘 서 있는 자리에 있을 수 없을 것입니다. 나를 위해 항상 그곳에 있어 줘서 진심으로 감사합니다. 당신들의 존재 자체가 얼마나 놀라운 일인지 모릅니다.

저는 아버지가 되고 나서야 부모가 된다는 것이 얼마나 큰 도전인지 진정으로 알게 되었습니다. 나의 부모님 마리안네 토마스, 그리고 빌프리드 토마스에게 내가 험한 길을 갈 때도 변치 않고 항상 그 자리에서 동행해 준 것에 대해 항상 감사하다는 말씀을 드리고 싶습니다. 늘 착한 아들이 아니었다는 사실을 잘 알기에 더욱 그러합니다. 그럴수록 더 많이, 당신들이 저와 우리 가족 모두를 위해 그 모든 시간 동안 해 오신 일에 대해 존경과 감사를 표하고 싶습니다.

이 책을 위해 기꺼이 대화와 인터뷰에 참여해 준 분들에게 감사의 말씀을 전합니다. 알렉산더 크리스티아니, 안스가르 코를라이스, 파스칼 페이, 하이케 호페, 보도 얀센, 스벤 얀스키, 파울 코테스, 미농 라토쉰스키, 슈테파니 슈타인라이트너, 디터 토스트, 바네사 베버, 그리고 내 아버지 빌프리드 토마스. 이 책을 여러분의 생각과 경험들로 더욱 풍성하게 만들어 주셔서 감사합니다.

이 프로젝트를 가능하게 해 준 캄푸스 출판사에 감사드립니다. 특히 이 특별한 책을 만들 용기를 준 편집자 스테파니 발터에게 감사를 표합니다. 데지레 시멕에게도 감사의 말을 전합니다. 이 책에 쓰인 한 단어 한 단어를 무한한 인내심과 애정으로 다듬어 정말 특별한 책이 되도록 마무리해 주었습니다.

최근 몇 년 동안 이런저런 어려움을 겪는 나의 곁에서 동행해 준 친구들에게 감사합니다. 당신들은 정말 훌륭한 사람들이고, 내 인생에 당신이라는 친구를 가질 수 있어 영광입니다.

　그리고 제일 중요한 내 친구들 엔노, 마이크, 디터! 우리는 앞으로
도 계속 이렇게 스테이크 썰면서 남자들만의 시간을 가지자고!

온고잉,
위기의 순간에도
멈추지 않는 마인드셋

초판 인쇄 2021년 9월 10일
초판 발행 2021년 9월 15일

지은이 보리스 토마스
옮긴이 오지원
펴낸이 조승식
펴낸곳 도서출판 북스힐
등록 1998년 7월 28일 제22-457호
주소 서울시 강북구 한천로 153길 17
전화 02-994-0071
팩스 02-994-0073

홈페이지 www.bookshill.com
이메일 bookshill@bookshill.com

정가 15,000원
ISBN 979-11-5971-386-6